海南自由贸易港

热带特色农业产业化发展模式探索

李世杰　阮云泽◎编著

中国经济出版社
CHINA ECONOMIC PUBLISHING HOUSE
·北京·

图书在版编目（CIP）数据

海南自由贸易港热带特色农业产业化发展模式探索 / 李世杰，阮云泽编著．--北京：中国经济出版社，2022.12

ISBN 978-7-5136-7174-3

Ⅰ．①海… Ⅱ．①李… ②阮… Ⅲ．①热带-特色农业-产业发展-研究-海南 Ⅳ．①F327.66

中国版本图书馆 CIP 数据核字（2022）第 230535 号

策划编辑　姜　静
责任编辑　郑　潇
责任印制　马小宾
封面设计　任燕飞工作室

出版发行　中国经济出版社
印 刷 者　北京富泰印刷有限责任公司
经 销 者　各地新华书店
开　　本　710mm×1000mm　1/16
印　　张　12.75
字　　数　200 千字
版　　次　2022 年 12 月第 1 版
印　　次　2022 年 12 月第 1 次
定　　价　78.00 元
广告经营许可证　京西工商广字第 8179 号

中国经济出版社 **网址** www.economyph.com **社址** 北京市东城区安定门外大街 58 号 **邮编** 100011
本版图书如存在印装质量问题，请与本社销售中心联系调换（联系电话：010-57512564）

海南自由贸易港热带特色农业
产业化发展模式探索

主　　　编　李世杰　阮云泽

课题组成员（以姓氏拼音为序）：

从心黎　范咏梅　郭慧芳　李培征

李世杰　李捷皓　黎雨苗　牛文杰

阮云泽　童泽林　万迎朗　杨　飞

杨志昕　姚　丹　余海民　原　博

张丽娜　张佐敏　朱月季

序言

习近平总书记在海南省考察时，强调要将热带特色高效农业做成海南省的优势产业。根据多年来的中央一号文件、党的十九大和《海南自贸港建设总方案》、“三农”政策和“新三农”政策等部署，积极深化农业体制、机制改革，探索优化农业产业体系、生产体系、经营体系，提高土地产出率、劳动生产率、资源利用率，促进农业农村发展由过度依赖资源消耗、主要满足量的需求，向追求绿色生态可持续、更加注重质的需求转变，是在自由贸易港建设背景下海南省当前面临的重大时代课题。

本书充分借鉴国内外先进国家和地区的农业产业化经验，结合海南省当前农业发展水平和条件，从农业技术研发、农产品生产和流通等环节出发，设计了集科技创新与组织化为一体的海南热带特色高效农业组织化三级架构模式。其中，一级基层组织是种植农户或村级合作社，二级中间组织是执行公司（包括种植公司、农资公司等），三级支撑组织是农产品销售公司和加工公司。最终形成“一个驱动中心，两个互动圈层”的三层组织运营模式。在三层农业组织运营框架中，链接并驱动三个层级各类经济主体的农业核心创新机构，则担负着通过引进或研发种质资源以保障优质种苗供给、通过种质资源及关键核心技术来调控全省农业种植区域和规模、通过股权安排或战略合作有效链接二级执行公司、通过提供农业技术服务和农产品品质控制保障海南农产品品牌化发展、通过专业化农业种植培训与技术推广实现农业生产全流程管理等重要功能。所构造的农业三级组织架构，以农业技术创新为核心驱动，以高品质、低成本、品牌化为关键目标，充分发挥绿创院作为“发动机”的功能，连接研发、种植、管理、流通、销售等农业生产各环节，带动上述各类农业要素资源，共同推动海南省热带高效农业的有序、快速和高质量发展；在海南岛内打造“种子种苗产业链持续迭代、农业种植区域合理规划、农产品生产全流程管理、农业技术全过程更精准服务、农产品质量全产业链可控可回溯”的高度组织化的绿色农业发展模式。

本着试点推进、谨慎实施、逐步推广的基本原则，在项目实施初期阶段，综合考虑当前海南省的主要热带农产品种植规模、产品品质、总体产量、市场占有率、技术成熟度以及产业化发展对本地农民增收的影响等多方面因素，确定了火龙果、豇豆、甜瓜、芒果作为预研究阶段实施的四类农作物品种，并整体性地评估火龙果、豇豆、甜瓜、芒果推行产业化运营的实际效果、财政和市场风险、社会效益和生态环境效益，并对项目推广前景及未来提升路径进行初步的展望和预判。

在国内现有图书中，能鞭辟入里地阐述热带农业转型升级创新模式的著作尚不多见。由海南大学研究团队编写的《海南自由贸易港热带特色农业产业化发展模式探索》是一个很好的尝试，相信该模式对促进海南热带农业的转型升级、助力自由贸易港现代农业健康发展和海南乡村全面振兴，提供了可借鉴的典型案例和可行的典型模式。

中国工程院院士 張福锁

2022 年于北京

前言

海南省深入贯彻党中央“三农”政策和“新三农”政策，不断强化农业的基础地位、首要地位和支柱地位，大力发展绿色农业、科技农业、高效农业，已取得初步成效，全省农业增加值增速明显，产业结构趋于优化，综合生产能力不断提升，农业总产量持续增长。但客观上说，海南热带农业发展仍面临着诸多突出且亟待解决的问题。首先，全省农业产业布局不尽合理，农作物生产缺乏整体性规划，存在种植的盲目性和“一窝蜂”现象。其次，自然资源约束对农业发展影响增大，存在耕地质量下降、农业基础薄弱、灌区基础设施老化、田间灌排工程不配套、粗放式灌溉模式导致水资源消耗量过大等情况；特别地，在自然资源制约下，海南农业面临着粮食作物与经济作物种植经营上的深层次矛盾。最后，化肥用量基数大，畜禽粪便资源化利用率和农作物秸秆综合利用水平低，农业投入品废弃物问题不断凸显，致使全省农业面源污染形势趋于严峻。此外，诸如种子种苗创新和种苗培育与供给先天不足、农作物防灾减灾任务艰巨、农产品流通体系（特别是冷链物流环节）“瓶颈”突出、农业信息化水平掣肘严重、农产品深加工短板明显等也影响全省农业生产的整体安全、可控，制约着热带高效农业的持续健康发展。上述问题归根结底在于海南省农业发展的组织化程度偏低、社会化服务体系滞后，农业生产标准化规范化不够，使得海南省农业呈现

“有资源无优势、有特色无规模、有规模无品牌、有品牌无管理”等现象，距离省委省政府要求、期待的热带特色高效农业发展目标仍然有较大差距，更不能适应海南实施乡村全面振兴战略、探索中国特色自由贸易港对发展现代优质高效农业的内在需求。

随着对海南自由贸易港的不断探索和“3+1+1”现代产业体系的不断建设，主要农产品在岛内实现有效、充分的供给保障十分必要。与海南省人口相接近的以色列，在农业资源与环境不佳的外部条件约束下，凭借其发达的农业组织化、产业化体系，不仅实现了农产品自我保障，还能大量出口，成为欧洲等国的果园、菜园，其农业生产技术、农业资源整合能力和产业化发展模式值得海南借鉴。而依托农业合作社和龙头农业企业实现产业化发展模式的印度农业，以大型设施化农业为主流形式的荷兰农业，走生态农业、有机农业与循环农业道路的日本农业，农业技术研发、成果转化推广和精细化生产并重的中国台湾农业等先进国家和地区的经验也值得借鉴。

本书研究团队广泛调研了海内外农业产业化发展经验，特别是组织调研团实地考察了以色列和印度两国的农业产业化发展模式，充分借鉴国内外先进国家和地区的农业产业化经验，结合海南当前农业发展水平和条件，从农业技术研发、农产品生产和流通等核心环节出发，构造、设计了海南热带特色高效农业组织化三级架构的基本模式框架；试图探寻匹配、适合海南岛的农业组织化运行模式和产业化发展机制。这一努力是值得肯定的。如果海南热带农业能够走出一条产业化发展的成功之路，实现海南热带特色农业的可持续健康发展，一方面有助于带动本岛农民增产增收，巩固脱贫攻坚成果，在海南这样一个岛屿型经济体全面实现乡村振兴战略；另一方面也可以发挥自由贸易港先行先试作用，为全国农业产业化和绿色发展树立示范样板，并持续地满足国内市场对高质量农产品的需求，甚至驱动海南本土特色热带农产品不断走向国际市场。

本书构造了农业组织化生产经营的三级架构，以农业技术创新为核心驱动，以高品质、低成本、品牌化为关键目标，充分发挥绿创院的“发动机”功能，连接研发、种植、管理、流通、销售等农业生产各环节，以带动各类农业要素资源，共同推动海南省热带高效农业的有序、快速和高质量发展。这一运营模式必将有助于在海南岛内打造“种子种苗产业链持续迭代、农业种植区域合理规划、农产品生产全流程管理、农业技术全过程更精准服务、农产品质量全产业链可控可回溯”的高度组织化的绿色农业发展模式。作为农业领域的学者，期待着这一创造性的热带农业发展模式能够尽快落地生根、开花结果，为中国农业经济产业化发展早日探索出一条新路。

目录

第一章

项目建设背景及必要性、重要性

海南是热带农业发展的黄金宝地。为贯彻党的十九大和中央一号文件精神，全面落实《中共中央、国务院关于支持海南全面深化改革开放的指导意见》和《海南自由贸易港建设总体方案》，本章分析了海南热带农业发展现状，并指出海南热带农业发展面临的关键问题。目前，海南热带农业经营水平低下，组织化、产业化程度低，这是阻碍海南热带农业发展的重要因素。

一、海南农业体制机制改革的时代背景与政策机遇

党的十九大作出了实施乡村振兴战略的重大决策部署，2018 年中央一号文件指出实现乡村振兴是全党工作的重中之重，要着力推动农业全面升级、农村全面进步、农民全面发展，谱写新时代乡村全面振兴新篇章。在此基础上，2019 年中央农业一号文件就如何实现农业农村优先发展，做好“三农”工作作出了具体部署：产业兴旺是重点，农业科技是支撑，农业体制、机制建设是保障。从海南的发展来看，农业机制、体制改革不仅是实施乡村振兴战略的重要制度保障，也是海南建设自由贸易试验区和探索中国特色自由贸易港的重要组成部分。2018 年 4 月 11 日，中共中央、国务院下发的《中共中央、国务院关于支持海南全面深化改革开放的指导意见》（以下简称中央十二号文件）明确指出支持做强、做优热带特色高效农业，打造国家热带现代农业基地，支持创设海南特色农产品期货品种，加快推进农业农村现代化。因此，积极深化农业体制、机制改革，探索优化农业产业体系、生产体系、经营体系，提高土地产出率、资源利用率、劳动生产率，促进农业农村发展

由过度依赖资源消耗、主要满足量的需求，向追求绿色生态可持续、更加注重质的需求转变，是海南当前面临的重大时代课题。2021 年 5 月 10 日，省政府办公厅印发《海南自由贸易港投资新政三年行动方案（2021—2023 年）》，在发展旅游业、现代服务业和高新技术产业三大主导产业基础上，将热带特色高效农业和制造业纳入鼓励发展的范畴，构建“3+1+1”现代化产业体系。利用海南气候优势，以热带高效农业转型为重点，多措并举促进海南农业提质升级，增加竞争力。

新的时代背景赋予海南农业农村转型发展的新机遇，无论是在农业体制机制的探索过程中，还是在海南自由贸易港现代产业体系的建设过程中，海南省委、省政府高度重视科技在农业发展中的引领作用，以提高农业科技供给质量为主攻方向，以体制改革和机制创新为根本途径，紧紧围绕市场需求变化，积极探索实现农业提质增效、农民收入增加的方法举措，稳步构建“3+1+1”现代化产业体系，其中关键之一就是寻找做优、做强热带特色高效农业的科技支撑。

海南省农业科技体系中，政府与事业单位，以及国有企业投资等的主导作用较为明显，属于政府主导型的农业科技体系。与之相类似，以色列也是政府主导型农业科技推广与管理体系的成功案例，政府在农业发展中起到了关键作用，建立包括科研、推广、教育及对外科技交流等农业科技研发体系和相应的农业科技管理体制。以色列先进的农业科技管理体制对海南省做优做强热带特色高效农业具有较大参考价值。

二、海南热带农业发展现状及面临的关键问题

（一）海南热带农业发展现状

1. 农业产业结构不断趋于优化

一是种养业结构不断调优增效。近年来，海南以“调优水稻、调减

甘蔗、调整畜禽品种”为基本思路，进行种养业结构调整。水稻调优方面，重点通过培育和引进一批高产高效优良品种，扩大优质种苗生产规模，提高优良品种种植比例，水稻集约化育秧年推广面积约 1.5 万亩①，推广优质稻 93 万亩。甘蔗共调减 31.6 万亩，调减的农田主要用于发展热带水果、冬季瓜菜、种桑养蚕、种草养畜等。二是瓜菜产业持续做强、做优。2016—2021 年，海南冬季瓜菜面积维持在 300 万亩左右，2020 年底冬季瓜菜产量达到 497 万吨。瓜菜集约化育苗 2016 年为 1.05 亿株，2017—2021 年为 1.5 亿株，实现了单产提升、质量提升、效益提升。三是“两区划定”高标准推进，制定了《海南省水稻生产功能区和天然橡胶生产保护区划定工作方案》，确定陵水县、澄迈县为试点市县，重点进行攻关。截至 2020 年 12 月，18 个市县完成了《海南省核心胶园规划》编制，划定 400 万亩核心胶园（海南农垦和民营各占 200 万亩），海南农垦 200 万亩已明确到地块，民营已明确到乡镇。四是畜禽养殖和防疫体系不断完善。五是热带特色高效农业提质升级。利用海南气候优势，以热带水果和冬季瓜菜、“三棵树”、渔业转型为重点，通过高标准农田建设、保橡胶树扩槟榔树和椰子树、深海网箱养殖、农产品深加工等途径，打造特色拳头产品，促进海南农业提质升级，增加竞争力。扎实落实土地法，压实市县长责任，将“菜篮子”用地纳入基本农田管理，抓好 15 万亩蔬菜种植规模，确保蔬菜自给率不低于 65%。

2. 农业发展方式得到快速转变

一是农业信息化水平不断提高。海南以互联网农业小镇、农村电商、农业大数据建设和农业物联网应用为抓手，加快发展农业信息化。建成了海口石山等 13 个互联网农业小镇、13 个镇级运营中心、70 个村级服务中心，形成信息进村入户服务体系。2017 年农产品电商网络体

① 亩为中国市制土地面积单位，1 亩≈666.67 平方米；公顷为面积的公制单位，1 公顷=10000 平方米。

系销售额突破160亿元，同比增长32%，连续三年保持20%以上的增速。时任国务院副总理汪洋在全国“互联网+”现代农业工作会议暨新农民创业创新大会上，曾对海南互联网农业小镇工作给予了充分肯定。已经初步建成的海南省农业大数据服务平台体系，可满足未来5~10年的信息系统部署需求。创建了一批农业物联网示范基地；习近平总书记在海口石山互联网农业小镇石斛产业园考察时，对农业物联网建设给予了很高的评价。农药监管信息系统建设趋于完善，农药备案系统已在全省农药批发商全面使用，实现全程可追溯、可跟踪，成为国内率先实现农药电子监管的示范省份。

二是农旅融合产业蓬勃发展。2017年，海南省休闲农业和乡村旅游点400个（其中“全国休闲农业与乡村旅游示范点”12个、省级休闲农业示范点102个、海南共享农庄试点61个），同比增长14.4%。直接从业人数3万人，同比增长16.5%。带动就业10万人，带动农户3.5万户，同比增长6.4%。2017年，接待游客2189万人次，同比增长11.2%；总收入130亿元，同比增长8.3%。人均年工资2.84万元，同比增长10.8%，呈现出快速增长的态势。

三是农业品牌建设有效推进。海南省农业厅出台了《海南省农业厅关于切实推进“三品一标”发展意见》《海南省农产品公用品牌建设实施方案》等系列文件，制定了30个海南名牌农产品标准，既激发了企业创建主体的积极性，又推进了海南名牌农产品评选认定体系的构建。省财政每年下达奖励资金全部用于农业品牌建设工作，突出发展对本土地域特色产品的保护性种植（养殖）。截至2021年7月底，海南省“三品一标”农产品数量达到447个，其中无公害农产品288个，绿色食品108个，有机农产品12个，农产品地理标志39个。通过积极组织实施“三品一标”认证，使海南省地域特色的地理标志公用品牌和以企业为主体的企业品牌、产品品牌大步踏入国家农业品牌平台。

四是生态循环农业建设大力推进。海南省近几年着力发展生态循环农业。自2017年1月，省政府与农业农村部签署《共同推进海南生态循环农业示范省建设合作备忘录》以来，在各市县全面推进畜禽粪污资源化利用，大力推广种养结合能源环保型模式，生态循环农业成为海南省转变农业发展方式的重要方向。屯昌已形成全县域农业资源生态利用的大循环规划布局，为海南省创建生态循环农业示范省确立了技术路径、积累了宝贵经验。琼海市、东方市及三亚市崖州区先后被农业农村部确定为农业绿色发展先行区试点市（县）。

3. 农业科技支撑能力不断提升

一是持续增强科技创新能力。海南省级农业科技示范推广资金全部用于地方优势作物的品种改良及示范推广。逐步建立起农业科技发展联席会议制度，有效地解决了影响海南省热带特色高效农业发展协调难、推动难的问题。积极推进海南航天工程育种研发中心种植实验基地建设，进行了100多个航天蔬菜品种的引种实验，对适应海南气候条件的13个航天蔬菜品种进行重点示范推广，航天育种产业化得到很大的发展。

二是深入推进农业科技试验示范基地建设。两年多来，围绕主导产业、主推技术和主推品种，建设了80余个农业科技试验示范基地。各基地积极与农业科研单位或农业高校紧密对接，制定技术试验、示范及推广目标，探索建立了“科研院所+示范基地+农技推广人员+新型经营主体”的成果转化模式。

三是加强推进南繁育制种基地和南繁科技城建设。通过“多规合一”，将三亚、陵水、乐东等市县适宜南繁育制种的基本农田26.8万亩划定为科研育种保护区，纳入永久性基本农田范围予以重点保护，实行用途管制。开展了5.3万亩科研育种核心区建设（原有核心区2.8万亩，新建核心区2.5万亩）。根据省委、省政府统一部署，大力推进南繁科技城建设，创新体制机制，联合海南大学、中国农业大学等省内外高校，共同提高南繁科研能力，打造南繁种子硅谷。

四是持续加强人才培育。按照“科教兴农、人才强农、新型职业农民固农”的战略要求，积极推进新型职业农民培育工作，大力培育有文化、懂技术、善经营、会管理的新型职业农民队伍。海南年均培训高素质农民超过1万人次，培训人数大幅增加，培训效果明显提升；实施万名中专生培养计划，超9000名具有初中以上文化程度的农民接受了3年制中等职业学历教育。

4. 农业经营体系得以有效构建

一是全省农村土地确权登记颁证工作基本完成。全省农村土地承包经营权确权登记颁证工作基本完成，完成确权耕地面积658.8万亩（含其他方式承包）；确权承包农户98.9万户，确权到户率91%；完成了20个县级行政区的数据库建库，完成率91%，总体上提前1年完成了此项工作。省政府向国务院提交了专题报告，受到农业农村部部长韩长赋的表扬。

二是农村土地流转得到规范。出台了《关于完善农村土地所有权承包权经营权分置办法发展农业适度规模经营的实施意见》（琼办发〔2017〕30号），不断落实集体所有权、稳定农户承包权、放活土地经营权，使“三权”的各自功能和整体效用得到充分发挥。

三是农村集体产权制度改革稳步推进。出台了《中共海南省委 海南省人民政府关于稳步推进农村集体产权制度改革的实施意见》（琼发〔2017〕36号），全面落实中央改革部署，积极稳妥推进海南省农村集体产权制度改革工作。2018年全面启动东方市、海口琼山区作为农村集体产权制度国家试点县改革的工作。目前已完成6个试点村的改革工作，清产核资中共清查现金3497.35万元、经营性资产约1.51亿元、非经营性资产约1.06亿元、债权1179.47万元；集体土地5385.51亩、集体建设用地4956平方米，确认集体经济组织成员8635人。试点村集体经济组织已初步建立，股权设置也已基本完成，集体经济组织管理体制机制正逐步完善，为在全省全面推展工作提供了经验。两市区已全面推进改革，其他村组的清产核资和成员确认工作正顺利进行。出台的

《关于发展壮大农村集体经济的意见》，进一步盘活了集体资源资产，创新了集体经济发展模式，加快培育了农业农村发展新动能。

四是农业新型经营主体得到培育发展。出台《关于加快构建政策体系培育新型农业经营主体的实施意见》，大力组织新型农业经营主体相关培训，为培育壮大农业新型经营主体奠定了政策基础。2020 年，海南省有国家级龙头企业 14 家、省级龙头企业 146 家，国家示范社 19 家、省级示范社 74 家，1 家省级合作社联合会、6 个市县合作社联合会，1 个农业产业化联合体，企业的质量效益每年都得到较好地提升。

五是家庭农场发展得以大力推进。通过大力培育优秀家庭农场，2020 年海南省进入农业农村部家庭农场名录的家庭农场有 444 家，新增加家庭农场 130 家，扶持了全省 41 家优秀家庭农场建设，农业部门备案的家庭农场共有 1475 家，家庭农场发展态势较好。

5. 农产品质量安全体系日趋完善

一是法律制度不断健全。经批准，颁布施行了《海南经济特区农药管理若干规定》《海南经济特区农药批发零售经营许可管理办法》等地方法规和规范性文件，持续加大农产品质量安全监管力度，进一步强化农产品质量安全监管体系，全省农产品质量安全水平总体稳定。

二是农业综合执法体制更加完善。推进各市县农业执法机构设置，加大执法人员、装备配备保障。通过全省联合执法检查等方式，净化农业投入品市场，规范农业投入品使用，促进农产品质量安全水平提升。

三是检测系统逐步构建。全省现有中国热带农业科学院分析测试中心（农业农村部管理）、海南省现代农业检验检测预警防控中心、罗牛山莱茵检测认证服务（海南）有限公司、海南出入境检验检疫局检验检疫技术中心 4 家省级农产品检测机构，18 个市县级农产品质量安全检测机构，204 个乡镇（区域）农产品质量检测服务站（中心）。海南对出岛农产品进行 100%持证检查，检查、检测农产品 10 万个左右，检测样品合格率均达到 98%以上，蔬菜监测合格率 99.6%左右，水果、畜禽产品、生鲜乳抽检合格率保持 100%；农药监测合格率达到 91.7%以上，比农业农村部同期公布的全国抽检 83.6%的合格率高出 8.1 个百分点；兽药、饲料质量检测合格率分别为 93%、98%，饲料中瘦肉精等违禁药物零检出。

四是检测能力有效提升。建设省级农产品质量安全检测平台，实现检测报告单二维码管理，县级农产品质检中心（站）基本完成、乡镇（区域）级农产品质检站（点）逐步完善。检测重心由产出环节调整到生产环节，建立了冬季瓜菜生产大田监测制度，例行监测品种扩大到 91 种产品，检测体系正逐步得到完善。

6. 农业支持与保护力度不断加大

一是财政支农投入不断加大。通过创新支农资金投入、股权投资等方式，支持企业做大做强。创新补贴方式或方向，实施耕地地力补贴，每年下达资金超 4.9 亿元，有效地改善了海南省耕地生态情况，农林水务支出从 2009 年到 2017 年增长 138.83%，财政农业项目补贴资金从 2013 年到 2019 年增长 190.45%（见图 1-1）。

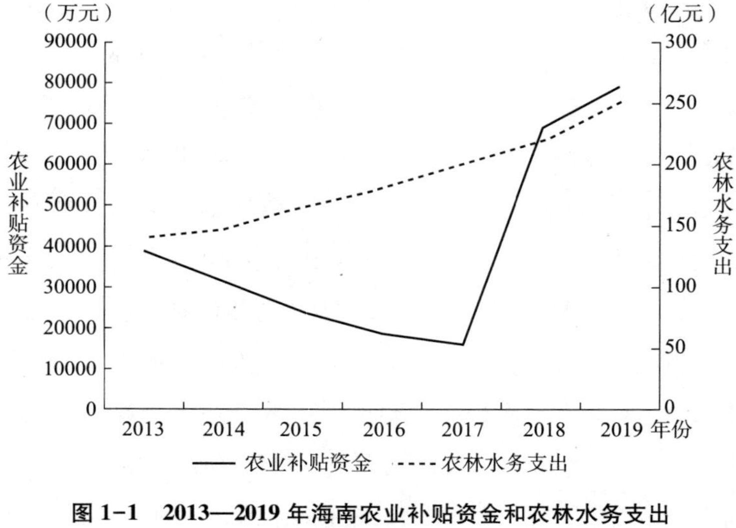

图 1-1　2013—2019 年海南农业补贴资金和农林水务支出

二是金融服务力度持续强化。加大疫情防控和复工复产资金支持力度，积极落实再贷款政策，完成17.5亿元支农支小专项再贷款投放。

三是加快推进农业产业基金设立。2018年1月，由省农业厅、省财政厅、省金融办和海南中视等共同发起设立的首家共享农庄产业基金正式进入实质性运营。近几年，海南热带特色农业产业发展基金进一步加快设立，海南省农业厅联合省财政厅公开征集基金合作投资机构并选定中粮信托有限公司为合作机构，形成了农业产业基金公司组建实施方案。

四是农业保险持续健康发展。海南省下发了《海南省农业保险工作实施方案的通知》，在全省范围内开展17个农业保险险种；其中，中央财政补贴险种8个，体现海南特色农产品和海洋特色的险种9个，对中央险种和省级险种实行不同的财政补贴政策。

7. 农业对外合作力度持续加强

一是农业对外交流合作政策创设不断加强。根据国务院部署，编制《海南省促进农业对外合作实施方案》，建立了海南省农业对外合作厅际联席工作机制，出台了《海南热带农业"走出去"战略规划》，编制《"琼海农业对外开放合作实验区"建设纲要》《"柬中热带生态农业合作示范区"建设纲要》《绿洲（柬埔寨）热带生态农业产业园总体规划》，从政策层面为创建境内农业对外合作试验区和境外农业示范园区提供了保障。

二是农业对外交流合作深入开展。积极落实"一带一路"倡议部署，深入开展琼台、琼非以及与东南亚农业的合作。总体建成"一场七区"（优良品种引种培育场，热带水果开发区、瓜菜种植开发区、热带花卉开发区、水产品繁育养殖区、甘蔗种植开发区、休闲农业开发区、农产品保鲜加工贸易区）。联合"走出去"企业在柬埔寨共同建设了"中—柬热带生态农业合作示范区"，在柬埔寨桔井省建设5200亩农业示范基地。琼海市和"柬埔寨—中国热带生态农业合作示范区"被农业农村部正式纳入首批“两区”创建单位。根据统计，海南台资农业企业及加工企业累计达650多家，完成实际投资9159万多美元，承租开发土地26万亩，遍布海南岛17个市县（白沙县没有台资企业），转移和吸收了当地5万多农民就业或从事季节工。

三是农业国际交流平台有力拓展。连续举办中国农业（博鳌）论坛、博鳌亚洲论坛农业分论坛、中非合作圆桌会议中非农业合作分会、中非农业合作研讨会、中国（海南）国际热带农产品冬季交易会等农业和农产品大型国际交流平台。其中，国际热带农产品冬季交易会每年吸引32个国家和28个省份的2700多家企业、5300多名客商参展；签订农产品订单总额近千亿元，订单兑现率达到80%以上。

（二）海南热带农业发展面临的关键问题

1. 产业结构亟待进一步优化

海南省在产业结构调整优化方面虽取得较大的进步，但整体来看农业产业布局仍不尽合理，“有特色、无规模，有规模、无品牌”，热带特色高效农业比重有待提升；农业产业链不长，农产品附加值不高，加工业存在短板。全省主要以鲜活农产品交易为主，每年出岛的鲜活农产品约900万吨，但规模以上农产品加工企业不多，加工产值与农业总产值之比为0.4∶1，与全国的2.1∶1、发达国家的3~4∶1还相差较大。农业产业发展还不均衡，农业发展用地规划和基本农田划分大多以种植业为主，养殖用地问题突出，制约了畜牧业现代化建设和养殖方式转变。

2. 农产品流通体系建设滞后

一是农产品主要是“地产地销”，销售渠道单一。销售渠道是连接产品与消费者之间的纽带和桥梁。在针对销售渠道调查中，农产品的销售渠道包括企业收购、网上电子平台、集贸市场、专业市场、直接销售和中介商收购等。根据调查显示，大部分农产品是通过中介商销售和集贸市场收购，较少利用网上电子平台销售，说明海南省农产品在销售渠道上还较为传统和单一，特别是未能利用互联网进行销售，使得产品销售范围局限于周边地区，无法向外拓展。由于农产品销售渠道的单一性，产品的价格受到当地市场和人为因素的影响而被压低，特别是当市场受到冲击时无法及时将产品销售出去，造成收益大幅下降，严重挫伤农民的积极性。海南的农产品流通模式见图 1-2。

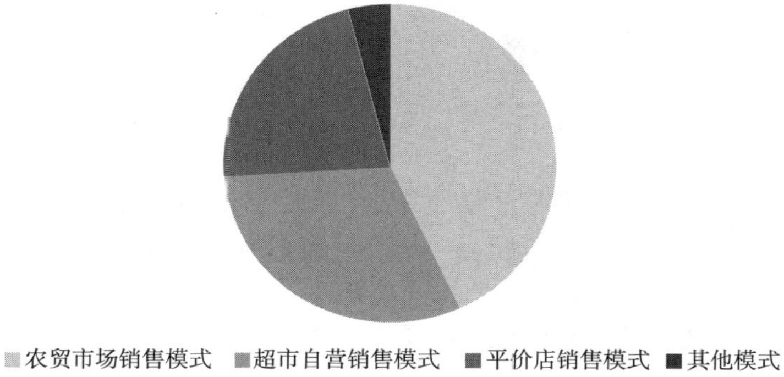

图 1-2　海南的农产品流通模式

二是农产品物流的冷冻保鲜技术落后。目前，海南省农产品的全产业链冷藏物流尚未形成，农产品从田间采摘到初包装储藏这一阶段实行了冷藏，但在运输过程中无法实行冷藏，一般依靠棉被保温等传统方法来降低农产品的损耗。因为大部分运输的是未加工的鲜销农产品，限于交通基础状况和产品保鲜技术水平较低，造成了农产品腐烂和变质。

3. 农业资源约束对产业影响增大

海南省耕地质量下降问题较为突出，全省耕地复种指数平均 200%，远高于全国 150%的平均水平。耕地质量等级整体水平不高，土壤有机质平均含量为 2.0%，一等地仅占 5.2%，而四等地以下占 36.2%，全省 90%以上耕地土壤为酸性，地力严重下降和病虫害频发，影响农产品的生产安全。种子种苗供应难以保证，特别是健康种子种苗供应不足，给种植业可持续生产带来障碍。水资源时空分布不均，水库及灌溉枢纽老化、灌溉方式粗放导致水资源浪费与短缺并存，水资源利用效率低下。海南的土壤类型见图 1-3。

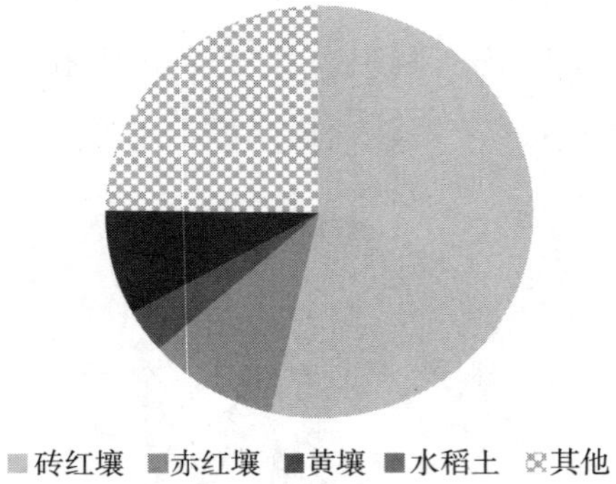

图 1-3　海南的土壤类型

4. 农业基础设施建设仍待提高

一是农田基础设施薄弱。部分灌区设施老化严重，水资源调配能力不足，田间灌排工程不配套。海南省农田水利有效灌溉面积 288.69 万亩，占全省总耕地面积的 45%，低于全国 60%的平均水平，旱涝保收面积仅 145.2 万亩，仅占耕地面积的 22.7%。

二是休闲农业基础设施亟待完善。休闲农业园区的水、电、路、通信、环境整治和标识系统等基础设施仍不配套。

三是农业信息化水平总体不高。农村信息基础相对薄弱，运用信息技术构建农业社会化服务体系，建立信息化的市场、信息、服务和监管平台等都存在较大的困难。

四是公共服务体系仍不完善。农产品质量安全监管、动植物疫病防控和冷链物流等基础设施、相关公共服务体系还不能满足现代农业发展需要。

2014—2019 年海南农田基础设施数量见图 1-4。

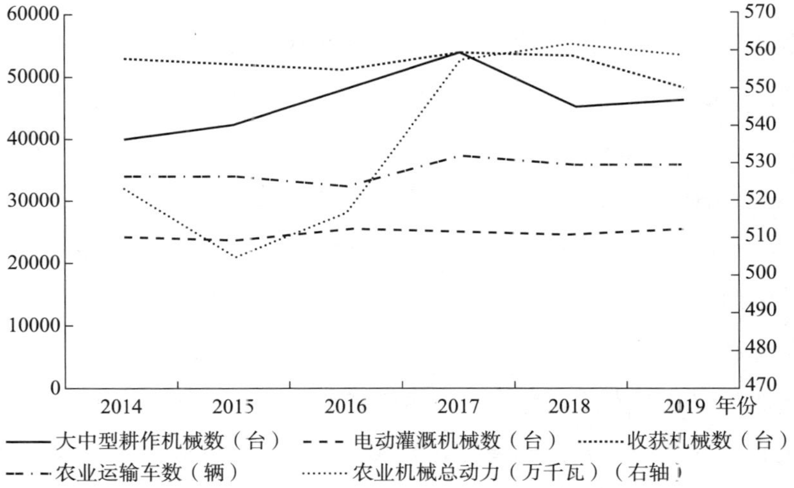

图 1-4　2014—2019 年海南农田基础设施数量

5. 农业面源污染形势依然严峻

一是化肥用量基数仍然较大。近几年海南省化肥用量虽有所减少，但化肥亩均用量仍为全国的 1.58 倍，农田土壤和地下水污染比较严重（见图 1-5）。

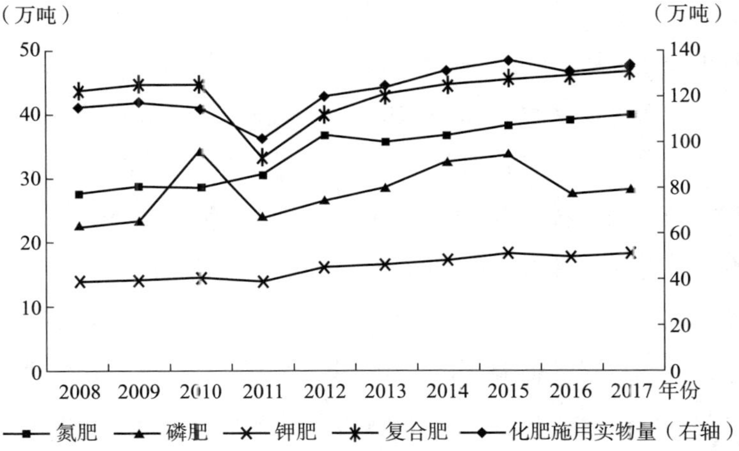

图 1-5　2008—2017 年海南省化肥施用量

二是畜禽粪便资源化利用率较低。全省畜禽养殖粪便排放量约3964.1万吨，配套建设粪污处理设施并达到排放标准的规模化养殖场仅占24%，畜禽养殖污染处理成本偏高，散养畜禽养殖户粪污处理意识薄弱，缺乏设施设备、技术力量和资金，致使畜牧业所带来的污染问题还未得到有效解决。

三是农作物秸秆综合利用水平不高。部分秸秆被直接还田或焚烧，高值利用方式有待进一步开发。农业农村部要求2020年主要农作物秸秆综合利用率为80%，而海南省仅为45.3%，任务十分艰巨。

四是农业投入品废弃物问题亟待破解。全省田间残存的农业投入品废弃物（残膜、农药包装物和灌溉废弃管等）约5万吨，残留物还在以每年投入量30%的速度增长，尤其是超薄地膜使用量仍然较大，废旧农膜回收利用政策措施还不完善，农田地膜残留污染问题仍然突出。

6. 防灾减灾任务比较艰巨

一方面，海南热带农业的病虫草害风险防范问题突出。以香蕉枯萎病、槟榔黄化病、柑橘黄龙病、椰心叶甲、椰子织蛾、薇甘菊、金钟藤和红火蚁为代表的重大病虫草害大面积发生，防控形势十分严峻。香蕉枯萎病的发生蔓延，使全省香蕉种植面积从前几年的近百万亩减至40万亩，槟榔黄化现象的发生率高达33%，福橙、琼中绿橙产业受柑橘黄龙病的危害严重，收获面积从2万多亩减至6000亩左右，椰心叶甲、椰子织蛾等对棕榈科植物，特别是椰子产业和景观造成严重影响，薇甘菊、金钟藤等对热带雨林威胁较大，病虫害的蔓延已经给产业发展带来了严重威胁。另一方面，自然风险防范问题严峻。台风、暴雨、季节性干旱、冬春季节局部低温阴雨、干热风和西部地区缺水等自然灾害多发，而目前农业保险特别是大灾风险分散机制尚不健全，为农业生产提供保障力度还不足。海南近40年自然灾害次数见图1-6。

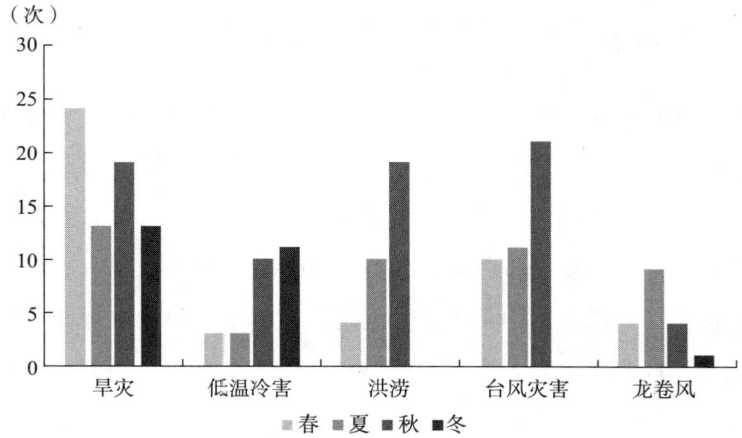

图 1-6　海南近 40 年自然灾害次数

7. 农业组织化程度低、社会化服务滞后

海南农业发展基础条件薄弱，组织化程度低，多数种植户只关注种植生产环节，为了高产量和高收益，在农产品生产过程中不按标准合理施用化肥、农药和生长调节剂，致使一些农产品化肥、农药的残留度超标，降低了农产品的质量，同时也严重破坏了环境。对产前产后工作关注较低，产品销售基本是单打独斗，缺乏统一管理的专业组织。同时，现有的社会技术服务机构数量较少，技术标准不统一，管理不规范，技术服务内容与生产所需存在一定的偏差。在农资服务渠道上，农资供销社和专业合作社在农资供应上由于资金和市场信息的缺乏，没能充分发挥农资市场的主体作用，在市场供应紧张和农作物收成好时，往往提高农药、化肥等生产资料价格。在技术服务内容上，大多只局限于农技一般知识和自有农资产品的介绍，而农作物全程技术解决方案、融资借贷、市场信息、新品种引进、农业保险及相关法律等方面，则缺少相应的培训和指导，不能适应海南省优质高效农业发展的需求，不利于现代产业体系的构建。

（三）海南热带农业发展模式亟待优化

海南是以热带农业为支柱产业的农业省份，但是，岛内一方面存在农户种植的农产品销售价格不稳定、增产不增收等问题，另一方面海南岛内居民长期饱受高价农产品的困扰，重要的原因之一是农业经营水平低下，组织化、产业化程度低，农业产业链信息收集渠道有限、信息发布杂乱而不全。随着海南自由贸易港的不断探索、建设发展和现代产业体系的日趋成熟、完善，主要农产品在岛内实现有效、充分的供给保障将至关重要。与海南人口相接近的以色列在生产条件不佳的条件下，凭借其发达的农业组织化和产业化发展体系，不仅实现了农产品的自我保障，还能够大量供给欧洲，成为欧洲的果园和菜园，其创新农业生产技术的方式和农业产业化整合模式非常值得海南借鉴并引进应用。参考以色列农业产业链整合的合作运营模式，充分开展包括农业研发、创新和知识转移，有效运用农业科技以开发更先进、创新可持续的农业综合技术等（如采用先进的微灌溉施肥方法，最大限度地提高产量和节约用水，建立适合的标准苗圃进行蔬菜和果园无病苗生产，采用以虫治虫、保护栽培和减少杀虫剂使用等），提高海南省农业生产力和农民收益，实现绿色产品大规模生产；改善当前小农经济的经营水平，增强农民创业能力、农业技术掌握和营销能力，服务于实现海南农民增收和乡村振兴的总目标。

三、海南热带农业产业化程度影响因素与机制探析

（一）热带农业产业化指标体系构建

本书所涉及的变量具有难以直接测量和主观测量误差较大等特征，

因此选择结构方程模型为分析工具。结合海南特殊性，构建农业产业化指标体系，尝试量化分析海南热带农业产业化经营水平。指标体系构建与模型逻辑如图 1-7 所示。

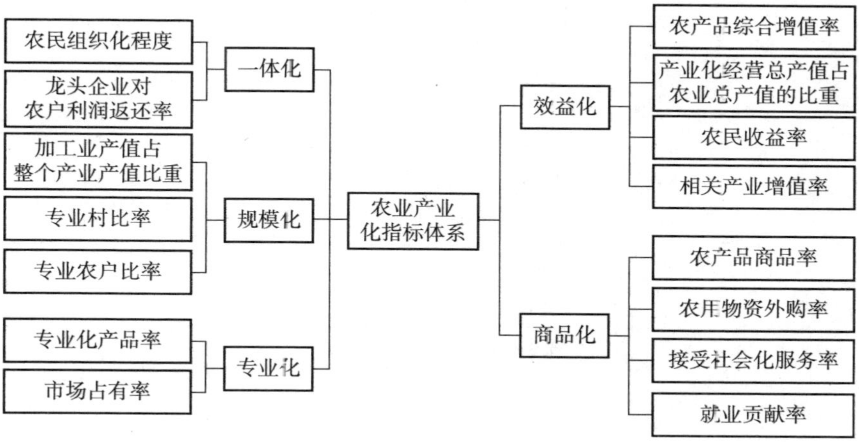

图 1-7　农业产业化经营水平指标体系

（二）数据来源及样本特征

1. 数据来源

本书课题组在海南省海口市、三亚市、陵水县等地区，对农户、合作社服务人员、龙头企业相关人员进行了问卷调查及访谈。共发放问卷 250 份，收回问卷 203 份，回收率为 81.2%。为保障数据质量，剔除了存在 3 道及以上题目缺失数据的问卷 48 份，剩余有效问卷为 155 份。

2. 样本的基本特征

为保证数据质量，本课题分别从性别、年龄、学历及身份角度进行了实证检验（见表 1-1），各项分析指标占比符合海南省农村总体分布情况。

表 1-1　样本的基本特征

类型	选项	频数	比例
性别	男	98	0.63
	女	57	0.37
年龄	25 岁及以下	2	0.01
	26~40 岁	67	0.43
	40~55 岁	46	0.30
	55 岁及以上	40	0.26
学历	小学	101	0.65
	初中	31	0.20
	高中	18	0.12
	本科及以上	5	0.03
身份	研发人员	28	0.18
	投资者	37	0.24
	创业者	36	0.23
	企业人员	54	0.35

（三）热带产业化影响因子载荷分析结果

将数据导入结构方程模型，运行结果①如图 1-8 所示。

模型结果表明：海南热带农业产业化程度受效益化、规模化、商品化、专业化和一体化的影响。

首先，商品化是影响产业化程度的最主要因素，其路径系数绝对值为 0.50。而商品化与其下 4 个观察变量的路径系数分别为 0.84、0.80、0.84、0.80，其中社会化服务水平影响最大。

其次，效益化对于产业化程度也有着较大影响，其路径系数为 0.43。而效益化与其下 4 个观察变量的路径系数分别为 0.84、0.76、0.78、0.89。其中相关产业增值率的影响最为显著。

① e1~e16 是各潜变量的观察变量的残差。

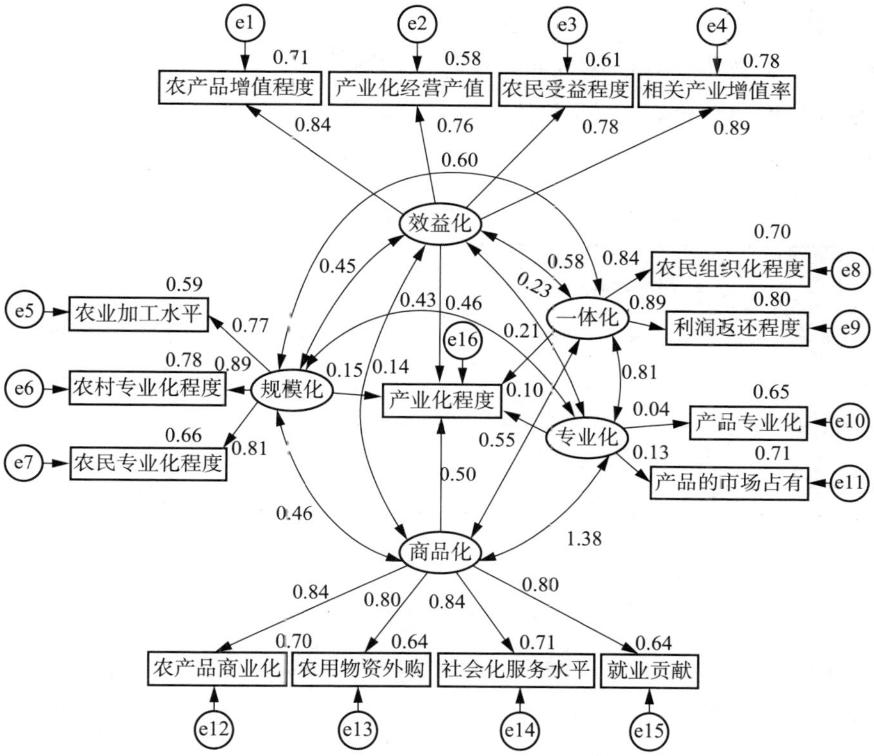

图 1-8　海南热带农业产业化影响机制的结构方程模型估计结果

最后，规模化、专业化和一体化对产业化水平的影响也较为显著，路径系数分别为 0. 15、0. 10 和 0. 21。

综上可知，海南热带农业发展中的商品化、效益化、规模化、专业化和一体化五个维度之间存在着联动机制，相互制约也相互促进，对于产业化经营水平的提升各自发挥着不可替代的作用。

（四）模型检验

1. 信度检验

本书采用克朗巴哈系数（Cronbach's alpha 或 Cronbach's α）来检验数据的可靠性。通常 Cronbach's α 系数的值在 0 和 1 之间。如果 α 系数大于 0.6，则表明各个测量变量具有较好的内部一致性，可以接受；若 α 达到 0.7~0.8 时，表示量表具有相当的信度；若 α 达 0.8~0.9 时，表示量表信度非常好。本书各变量 Cronbach's α 均在 0.6~0.8，通过信度检验（见表 1-2）。

表 1-2 信度检验结果

变量	指标数	Cronbach's α 值
商品化	4	0.608
规模化	3	0.715
效益化	4	0.717
专业化	2	0.721
一体化	2	0.730

2. 效度检验

本书以验证性因素来验证各量表的构建效度。本书对数据进行 KMO 检验和 Bartlett 球形检验。一般来讲，KMO 检验系数>0.6，Bartlett 球形检验的χ^2统计值的显著性概率 P 值<0.05 时（如果仅 2 个量表分析项，那么 KMO 值一定为 0.5，因而不遵从 0.6 以上的判断标准），问卷有结构效度，可以进行因子分析。本书各变量均符合条件，通过检验。效度检验结果见表 1-3。

表 1-3 效度检验结果

变量	KMO	Sig.
商品化	0.748	0.000
规模化	0.623	0.000
效益化	0.5	0.000
专业化	0.605	0.002
一体化	0.652	0.012

3. 模型整体适配度检验

模型整体适配度检验结果如表 1-4 所示，模型的χ^2、χ^2/df、GFI、

AGFI 等绝对拟合指标均符合标准，相对拟合指标中除 RFI 之外，其余指标值都大于标准值，RFI 值为 0. 887，与标准值相差不大，可以接受。模型整体拟合状况良好，分析结果也较为准确。

表 1-4 模型整体适配度检验结果

	评价指标	指标值	评价标准或临界值
绝对拟合指数	χ^2	444. 218	越小越好
	χ^2/df	1. 921	<2
	GFI	0. 938	>0. 90
	AGFI	0. 925	>0. 90
	RMR	0. 025	<0. 50
	RMSEA	0. 036	<0. 05（拟合良好），<0. 08（拟合合理）
相对拟合指数	NFI	0. 939	>0. 90
	RFI	0. 887	<0. 90
	IFI	0. 966	>0. 90
	CFI	0. 966	>0. 90

综合而言，热带农业的效益化、一体化、专业化、商品化及规模化五个维度之间存在正向的联动关系，均对其产业化程度有着正向的显著影响，此维度下的农产品商品化及效益化对海南现代热带农业产业化经营水平的影响尤为显著，其中商品化维度下的农产品商品化及社会化服务水平路径系数较大，效益化维度下的相关产业增值率和农产品增值率路径系数较大。

就目前而言，海南省热带农业发展亟待提升产业化、组织化发展水平，不断完善热带农产品供销体系，并为农户提供切实的社会服务，不断延长农产品产业链。基于此认识，本书将在借鉴国内外现代农业发展经验的基础上，探讨海南热带农业发展新模式和新思路。

第二章

境内外农业发展典型案例经验借鉴

结合时代背景及自贸港建设的实际需求，本章借鉴以色列、印度、荷兰、日本及中国台湾、云南、广西、广东等境内外农业发达国家和地区的先进经验，在建立农业合作社、加大农业科技投入、加大农业金融支持、培育海南本土农业龙头企业、推动生态农业发展、完善农业法律制度和农业信用保证制度等方面为海南自贸港热带农业产业化的实现提供借鉴。

一、以色列农业发展模式及经验借鉴

（一）以色列的农业资源

以色列是一个农业资源不丰富的国家，国土面积 2.5 万平方千米，耕地面积 42.36 万公顷，仅占国土面积的 1/5，灌溉面积 25.16 万公顷，占耕地面积的 45%；境内几乎没有河流，仅北部有 168 平方千米的 Galile 湖，占全国淡水资源的 70%，蓄水 42 亿立方米，人均水资源占有量为 270 立方米，仅为世界平均占有量的 1/33，农业用水占全国用水总量的 75%。此外，以色列淡水资源分布也极不平衡，80%以上分布在北部山区，南部沙漠地区几乎没有淡水，农业用水 50%依靠地下盐碱水处理、城市废水灌溉处理及海水淡化获得；以色列气候属地中海型气候，夏季漫长、炎热又少雨，冬季短暂、凉爽而多雨，雨热不同期。这些农业资源的特点对以色列农业产生了极大的影响。

（二）以色列的农业技术研发、科技成果转化与推广

以色列的农业科技研发以解决问题为导向，重点突出，主要集中在

优良蔬菜和水果新品种选育、节水灌溉技术两个方面。科研人员会和企业、农民一起开展试验研究，筛选适应沙漠及地中海型气候、土壤和水等自然环境的品种，育种目标明确、育种体系健全。以色列农作物新品种的培育和生产十分活跃。一般说来，一个新品种的生命周期为 3~4 年，之后将被另一新上市的品种所取代，而一个新品种从开发到实现商品化平均要花费 5 年；在一种产品上市之前，另一个更新的产品的研究开发工作就已经开始了。这种注重研发和持续创新的共同信念，循序渐进，推陈出新，使以色列的新品种技术一直处于世界领先地位。以色列农业科技的另一个重点就是海水淡化技术、水循环利用技术与农业节水灌溉设备及技术的研发。以色列自建国以来，农业生产增长了 12 倍，而每公顷土地的用水量仍保持不变，这不能不说是个奇迹。从纳安丹（Naan Dan）公司展示的材料来看，它们的过滤系统及材料、压力补偿系统及材料，各种材料均包含了最先进的科技。据中方合作企业介绍，虽然以色列纳安丹公司和捷佳润科技集团股份有限公司（简称捷佳润）已经在中国和印度建设了工厂，但是，有关这方面的科技中方并没有掌握。

世界上许多发达国家的科技对农业增长的贡献率一般在 70%以上，而以色列达到 90%以上。在以色列，有许多专门负责技术转让的公司，也有公司统一负责希伯来大学农学院的技术成果转让，这些公司将发明和专有技术进行市场营销，让科学技术走出实验室变成服务于社会的商业产品，让农业科技创新成果服务于农业，提高农业生产效率。

农业科技转让的方式有一次性买断、天使资金早期投入按比例分红等。由于以色列土地面积有限，近几年来，在以色列农业部的推动下，成立了农业国际合作中心（Center for International Agricultural Development Cooperation，CINADCO），推动更多拥有（购买或自主研发）专利、品种和技术的企业把眼光瞄准中国、印度、非洲、中美洲等农业不发达国家或地区，他们称为“海外计划”（也称为马沙夫计划）。这个计划的核心是借鉴以色列在农业教育与培训、资金投入、设备和机械化、技术研发、提高农产品附加值和农民组织模式等方面的经验，利用以色列的专业团队和专家活动与国外开展农业项目合作、技术示范、中长期项目咨询以及点对点的培训，推广本国的新品种、新技术和新装备。该中心先后在全球20多个国家开展了不同形式的合作，其中包括与印度合作成立的26个作物研究中心，已经取得一定的成效。

以色列的农业高效益带动了产前和产后相关技术和工艺的发展，从而进一步突破资源短缺的限制，实现更大的农业附加价值。而这种技术带来的效益，是很显著的，以色列农业高科技中小企业非常多，竞争激烈而富有活力。

勇于创新，让以色列农业科技保持着世界领先的位置，敢于创业，使得以色列农业科技成果迅速实现商业转化，科学技术深度介入农业各个领域、各个环节。正是这些因素帮助以色列创造了农业发展的飞跃，而且其还在不断地更新着技术延续着农业奇迹。

（三）以色列农业的生产组织模式

以色列的农业生产组织方式主要是基布兹（Kibbutz）和莫沙夫（Moshav），基布兹的特征是：土地等生产资料归集体所有，所有收入（包括其成员在外面聘任所得个人收入）全部归集体所有，农庄按月给农民发放生活津贴，生活必需品实行供给制，其余收入、积累主要用于扩大再生产；莫沙夫是以家庭为基本生产单元的合作社，最早建于1921年，2007年有441个，约25万人，每个合作社有60~100个农户，农户拥有自己独立的农场，其基本特征是：土地和水资源所有权归属国家，政府向他们出租土地、房屋、田地，农户有经营权，其他生产资料及收入均归农户。此外，以色列还有个体农户，他们以村为单位但不设合作社，农民各自经营自己的土地，包括犹太人和阿拉伯人。所有土地平整、灌溉设施都由政府一次性投入，农户只负责种植，但是农户在负责种植期间不可以转行从事其他职业。

1. 以种植户为中心，构成了完整的农业支持体系

种植户作为农业产业的一线人员，同时也是农业产业的中心人员。首先，农业研发公司根据种植户的问题和需求，展开研发活动。其次，农技推广服务机构定期为种植户推广新的农业技术和服务。最后，其他各种私营公司，包括灌溉公司、温室大棚公司、农业智能控制企业都为种植户提供各种农业生产相关服务。

2. 农业研发中心为种植户研发新品种、新技术

首先，农业部的研究机构在育种、病虫害防治、农艺等方面不断研发先进成果。其次，农业部的研发机构根据种植户的分布而设立了不同的分支机构，甚至在田间地头的旁边就有农业研究组织，如以色列中部地区的昆虫研究所。最后，农业部的研究机构与种植户共同开展实验，相互配合培育新品种，不断提高农业竞争优势。同时，种植户对农业研发的新品种、新技术保持积极态度。

3. 农业推广服务中心向农民推广新品种、新技术

农业推广服务中心经常在田间地头办展销会，向广大种植户推介新品种、新技术、新化肥等。种植户可以很方便地参观展览，根据自己需要去采购。

4. 紧密结合的产销体系，解决了种植户产品销售问题

种植户与掌握销售渠道的包装厂进行合作，虽然销售给包装厂的利润相对少一点，但是稳定了种植户的销售渠道，防止了产品丰收以后卖不出的问题。同时，种植户也可以自己发掘本地市场，通过本地市场的销售提高利润率。因此，紧密结合的产销体系，解决了种植户销售的隐忧。

（四）政府支持与市场机制相结合的农业发展模式

以色列农业发展得益于政府支持与种植户采取市场机制进行产业化运作。政府做好农业基础设施，种植户通过市场化自主经营，赢得

利润。

1. 政府支持建设农业基础设施

对于农业基础设施，政府集中资金进行投资，如海水淡水、抽地下水、温室大棚等方面，政府会为种植户提供必要的援助，为农业发展提供基础条件。

2. 种植户（一般以基布兹和莫沙夫为单位）按照市场机制开展自主经营

在政府提供必要的生产条件后，种植户按照市场机制自主经营。首先，种植户按照市场价格规划种植品种、种植面积。其次，种植户根据市场情况，动态控制产品上市时间。根据市场供需关系的变化，提前或延迟。最后，种植户根据市场需求情况，采取不同的渠道销售产品，如销售给包装厂或当地销售中介。

（五）以色列农业对海南农业的启示和借鉴

海南的农业资源条件远比以色列优越，然而以色列农业效益远高于海南。对比海南农业，以色列农业在以下三个方面做得非常突出：

第一，农业科技对农业产业的高效支撑。以色列成立了农业技术研发中心，研发中心的农业科技渗透到农业产业链的各个环节（从品种到保鲜和加工，再到智能控制），农业科技项目从产业中来，到产业中去，以解决问题为导向，农业科技人员与企业和种植户共同开展科学研究，科学研究高效而又便于推广，农业科技人员的考核是综合对产业、教育的贡献，农业科技成果不断创新和更新，保持农业科技成果的领先性；以色列政府搭台（各种面向世界的展会、宣传），鼓励创立农业科技成果转让和推广公司，让科技成果快速在全国和全世界推广并产生效益；世界各地的农业技术成果转化公司和推广机构负责技术推广与培训，并收集产业问题和信息，及时反馈到研发中心，研发中心的科技人员根据收集内容，调整科研方向和目标，完成新一轮的技术更新。

第二，政府通过限制土地面积和水供应量控制种植规模，并通过农业信息数据发布，有序地组织农业生产，实现农业的增收。以色列政府对每户种植土地的面积及农业用水量实行限额制，超过限额的部分极其昂贵，但种植户之间可以通过组织和有序分工，形成规模化生产，降低成本投入，政府部门也会通过市场信息发布，引导农户调整产业结构，保证农业的增收和增效。

第三，完善的技术标准体系和农产品质量控制与检测体系。以色列60%的水果和蔬菜出口到欧洲，为了达到出口的要求，以色列建立了完善的农产品种植技术标准体系和农产品质量与检测体系，保证了农产品的质量安全，也保持了持续的出口量。

借鉴以色列农业发展经验，海南农业发展可从以下几个方面着手：

第一，围绕新产业的需求，组织农业综合集成与技术研发平台。研发平台以解决产业发展的关键技术问题为己任，政府和企业共同对研发平台进行投资和监管，通过不断完善机制和体制，加强农业科技对农业产业发展的支撑作用。该平台的主要作用是发现农业产业发展的问题、提出解决问题的方案，根据方案编制科技项目规划方案，由企业和政府按比例出资进行科学研究、试验。

第二，打造农业研发平台，组建相关单位（企业+科研单位+推广部门）开展农业技术推广、培训与服务体系建设，量身定做农产品种植技术标准和农产品质量控制标准，并进行推广与培训。

第三，瞄准国内外先进的技术和产品，在全省范围内鼓励创建农业科技成果转化公司，引进、创新和吸纳国内外的技术和产品，推动农业科技成果转化服务产业的发展。

第四，完善海南省农业知识产权保护制度，提高农业知识产权保护的全民意识，加大违法使用农业知识产权的惩罚力度，通过了品种和核心农业技术知识产权的保护制度，利用品种和核心农业技术知识产权限制生产的规模。

第五，收集热区和全省主要作物农业数据，并建立农业数据信息发布平台，通过网络、微信、公众号等途径发布农产品供给信息，为合理规划农业种植结构与布局提供支撑，防止无序农业生产。

第六，以 1~2 个作物或区域为单元，开展集研发—技术集成—推广培训—销售终端为一体的试验，摸索一套从研发到产品销售的组织与管理体系，为在全省范围内开展农业科技体制机制改革、农业技术推广与培训模式改革与创新、农业生产和组织模式改革与创新提供案例与经验，最终为海南农业的提质增效提供一套整体的解决方案，为建立海南绿色农业先行区提供解决方案，为海南自贸港的建设提供农产品供给和质量保证，为现代产业体系的建设注入活力。

二、印度农业发展模式及经验借鉴

（一）印度农业总体发展情况

印度位于南亚次大陆，东北部和西北部与我国新疆和西藏接壤。国土面积 297 万平方千米，相当于我国的 31%。2018 年印度总人口 13.54 亿人，十分接近我国 13.95 亿人的总人口数量。印度土地资源丰富，耕地面积居亚洲之首，为 1.6 亿公顷，是世界上耕地面积排名第一的国家，人均占有耕地 0.16 公顷，远超我国。印度是典型的以农业为主的发展中国家，农业是其国民经济的基础；农业人口的比例高达 67.6%，农业增加值占 GDP 的 17.73%（中国为 10.71%）。近年来，印度逐渐由一个食物短缺、贫困人口数量庞大的农耕国家转变为粮食供应自给、农业发展势头迅猛、未来发展潜力巨大的国家。印度农业和农村发展经验对中国农业发展具有一定的借鉴性。

（二）印度依托农业合作社的产业化发展模式

印度农业的快速发展，很大程度上归因于该国以农业合作社为主体的农业产业化发展模式。印度拥有世界上最大的农业合作组织体系。全国共有 54.53 万个合作社组织，拥有 2.49 亿户成员，覆盖全国 100%的村庄、2/3 以上的家庭；分布在几乎所有的经济领域，并在其中许多领域拥有较高的市场占有率。如农村信贷的 18%、农用肥料销售的 36%、农用肥料生产的 25%、糖业生产的 50%、小麦收购的 33%、渔业的 21%、基层仓储设施的 64%、动物饲料的 50%、棉花收购的 60%、零售平价商店的 21%等，以及 1410 万个就业机会都是由农业合作经济组织提供的。

印度的农业合作社已经成为全球最庞大的村社系统。在印度农村，基本上每个农民都加入了农业合作社，并通过合作社获得一定收益。印度农业部门的合作社拥有比商业银行信贷更为先进的服务体系。农业合作社指导农业的投入，为农村的发展提供优惠供给，为农民提供有利可图的商品价格以及帮助农民将原材料加工成为高附加值的制成品。此外，合作社还帮助农民建立冻库，修建农村道路，提供水利灌溉、电力和运输设施以及提供卫生健康服务。各种农业开发活动，小型作坊以及产品的加工、分配和供应都是通过合作社来完成的。实际上，印度农业合作社形成了农业生产资料供给、农业生产及农产品加工、销售、储存、运输各环节的紧密连接。例如，印度农村人口日常所需要的物品都是由农村合作社提供的。农业合作社已成为印度农业生产最基本的形式，对印度农业发展起着不可替代的作用。

印度各级政府也陆续采取诸多举措来扶持农业合作社，使得包括农业信贷合作社、耕种合作社、奶业合作社、制糖合作社与渔业合作社等在内的诸多合作社不断涌现，并取得了诸多成效。印度的各类农业合作社组织经济已成为国民经济的一支重要力量，在促进印度农业、农村发展和加快农民脱贫致富的过程中发挥了重要作用，农业合作经济组织已经成为广大弱势阶层改善自身地位的重要依托和有效载体，受到广大农民群众的欢迎和支持。

（三）印度基于高科技的农业研发能力

印度政府高度重视农业研究与科技创新的政策支持，对从事农业研究和推广的科研机构实行政府全额拨款，经费主要来源于中央政府和邦政府的财政预算。农业科技投入中政府投入占90%左右（其中，中央政府占50%、邦政府占40%），私营部门投入占10%左右。特别是加入WTO以后，印度政府更加注重引导科研机构、农业大学和农业专家、学者向生物技术、基因重组和转基因研究、遗传研究、空间技术、遥感技术、环境和生物多样性研究等更高级、更系统的领域发展，还将计算机管理和网络信息技术也逐步应用到农业生产中来。现在，印度政府正努力组建一种有组织、高效率的农业科研、推广和教育体系，以便更好地促进印度农业技术的变革、创新与推广。特别是近年来，中央政府对农业科研的投入占总科研投入的15%，地方政府科研投入的91.5%用于农业及相关领域。

印度农业研究系统是世界上最庞大、最综合的制度化的研究系统之一，由中央、地方和高等农业院校三大部分组成。印度农业研究委员会（ICAR）是中央农业科研系统的核心，中央政府的投资主要由ICAR管理和分配，下设4个综合性国家研究所、45个中央一级专业研究所、30个国家研究中心和6个国家局；主要以应用基础研究为主，重视解决农业生产中的根本性问题，并负责组织和实施协作研究项目，调动农业研究系统各部分的研究力量；本书编写组曾组织力量调研的位于印度马哈拉施特邦贾尔冈县的Krishi Vigyan Kendra农业技术研究基地便属于该机构组成机构，该基地同时担负着技术研究和应用推广的双重任务。印度的高等农业院校（SAU）作为国家研究系统的重要组成部分，分工承担大量研究课题，如食物营养、农业气象、农作物收获和保管技术等。地方科研系统则主要从事地方性课题，主要是经济作物和畜牧兽医等方面应用学科的研究。本书编写组调研的贾尔冈县Banana Research

Station（香蕉研究基地）、Oilseed Research Station（油菜籽研究基地）等便属于地方科研系统。课题组在调研过程中也深切感受到印度各级政府对于农业技术研发的重视。从农业科技经费使用主体来看，ICAR 所属机构使用的农业研究和推广经费占全国农业科技经费总额的37%，邦农业大学占 51%，其他公共和私营机构占 12%。特别值得一提的是，印度政府鼓励公共部门和私人部门开展更多合作。例如，专门组建印度农业创新公司，由印度政府下属的农业研究和教育局共同出资，体现各级政府对农业科技服务大力投入的政策倾向。该公司成立的主要目的是通过知识产权保护、商业化以及建立国内外伙伴关系来促进研发成果的传播。

印度农业研究体系主要关注六大领域研究：①资源适应性技术研发。为各种资源开发与利用进行有效规划，建立相关资料数据库。例如，编制国家、邦、县级的土壤图，为特定地区土壤和水资源制定保护措施，通过各种不同的小流域综合治理运行机构，来解决土壤侵蚀问题，以防止农业生产力的下降；编制数字化土壤肥力地图和基于测土数据提出的施肥建议等。②作物科技研发。ICAR 与 SAU 合作，协同研发具有特定性状的能够提高产量和营养品质，并在农业生态上具备生物和非生物胁迫耐受性的高产作物品种；同时研发耐旱、耐盐碱的作物品种，并根据各地不同的情况，向各邦政府提出建议施种品种。③作物健康管理研发。对重要害虫（螨虫、线虫等）的抗性品种进行研究，通过生物防治病虫害综合管理，以有效地抑制各种虫害；研究成果已在全国不同种植区域的综合虫害管理中得到应用。④种子研发。印度在种子技术研究方面提供充足的投入。ICAR 已生产了超过 6 万担不同类别的种子；科研团队协同合作创造一系列作物新品种，为印度的种植者创造利润。特别是，印度大部分植物新品种来自私营部门（如课题调研的 Jain 公司便是典型案例），尽管印度放宽了对种子跨国公司的限制，但印度种子市场并没有受到跨国公司控制。⑤生物技术研发，主要包括增加作物产量、降低生产成本、保护生物多样性、提高农业生产力、更有效地利用外部投入，实现可持续农业发展，提高生产稳定性并减少在生物逆境条件下的损失等。⑥园艺作物科技研发。印度成立“全国园艺委员会”，目的是鼓励园艺作物生产，主要措施有科研支持、改进生产技术、改进管理、市场营销、鼓励出口、提高产品附加值等。

（四）印度支持农业发展的政策体系

印度支持农业与农村发展的政策主要包括五大类：①管理许多农产品的价格和营销渠道；②以政府补贴的价格提供可变农业投入；③为整个农业部门提供一般服务（如研究和推广等）；④以政府补贴的价格向选定的人口群体提供主食；⑤通过贸易政策管理边境交易。

上述政策措施可以合并为三大类：第一类是破解农产品价格困境的农产品支持政策体系，包括最低收购价政策和定向公共分配体系，体现为①和④；第二类是降低农业生产成本的政策体系，体现为②和③；第三类是限制农产品贸易的边境政策。上述三大类政策构成印度现阶段农业支持的完整政策框架。

例如，为调动农民生产积极性，印度政府对农业生产过程的物质与服务投入进行大范围补贴，对化肥、灌溉、电力和农机等可变投入品给予价格补贴，对涉农贷款提供优惠利息甚至豁免贷款偿还，从而直接降低了农业生产成本，改善了农村生产条件，提高了农产品竞争力和实现了粮食安全。印度针对农业基础设施薄弱、受自然灾害影响大（约有70%的农业用地严重依赖印度洋季风）的现状，加大对农田灌溉设施、农村道路、农业科研推广等方面的公共投资，间接降低农业生产成本。

（五）印度完善的农村金融服务体系

印度通过立法保障与政策支持、政府干预，以及通过不同国家级计划充分引导等政策，建立了包括政策性金融、合作金融以及农村保险的较为全面、有效的金融体制。

1. 强大的政府干预职能

印度的农村金融服务法律体系设立时间较早，内容详细且有针对性，已经形成一套相对完善的法律体系。印度政府在充分研究现有农村金融服务体系的基础上，实施一系列行之有效的政策措施。强大的政府干预职能，相辅相成的立法和政策保障，为印度农村金融的快速稳定发展奠定了坚实的基础。

2. 完善的金融体系结构

印度已经形成在储备银行的监管下，政策性金融、合作性金融、商业性金融分工明确、相互协调且较为完善的农村金融服务体系。尤其是在“6+1”领头银行计划下，各个区域内涉及农业、出口等国家大力支持的行业和中小企业，由一个领头银行带头发展，而印度政府和央行则为其提供必要的后备支持。这样既保证了对落后地区金融服务的覆盖面，又降低了金融机构之间的竞争和重叠所带来的效率损失。为破解农业生产不确定性，印度政府还成立专门的存款和贷款保险公司，在保障农村金融需求的同时，也降低了金融机构的风险。此外，印度农村金融机构点多面广，网点覆盖率高，形成了对“老少边穷”地区的有效渗透：印度每万人拥有农村金融机构 3. 15 个，银行农村网点数占总网点的 40%，定位于农村金融服务的区域农村银行，其农村网点分布占比更是高达 95%。

3. 充分的措施引导

印度政府通过各种措施，引导农村金融的开展，促进农村金融活动的可持续发展。首先，深化农户与企业的合作关系。农户获得信贷的基础是要通过银行的审核，其中重要一环就是看农户是否与企业签订农业生产合同；在生产结束时，资金采取“企业—银行—农户”流程，银行可以及时回笼贷款，保证信贷资金回收，降低了不良贷款率。其次，银行定期在机构网点开展免费或者收费较低的技术培训、信息咨询，既可为农户提供技术支持，又能教会农民如何合理利用金融资源，同时也降低了信息不对称所带来的信贷风险。最后，加强各类机构间的沟通，引导其相互配合。其中，农村合作银行资产规模小、熟悉农村情况，商业银行资本雄厚但不掌握基层农户情况，双方合作可以形成互补，且机构之间还能以资产证券化的形式进行资本融通，实现互利共赢。

为深入调查、研究印度的农业产业化运营模式，本书编写组组织5位学者前往印度开展调研，并根据以色列农业与农村发展部国际农业发展合作中心主任亚克·泊乐（Yakov Poleg）先生的建议，重点调研了位于加乐冈市（Jalgaon）的Jain灌溉系统有限公司（Jain Irrigation System Ltd.）。调研组经过为期一周的深入调研，对以Jain公司为代表的印度农业产业化组织和发展模式有了较为系统、深入的认知。

（六）印度通过培育龙头企业来带动农业产业化发展

印度政府非常注重培养农业龙头企业，发挥龙头企业的核心带动作用。本书编写组集中调研位于马哈拉施特拉邦贾尔冈县的Jain公司。Jain公司1963年由Bhavarlal Jain先生在印度贾尔冈创建，是印度最大的设施农业制造商，也是世界第二大滴灌设备公司，业务范围覆盖全部微滴灌系统和零部件、uPVC和PE管道系统及零部件的研发、生产、销售，业务还涉及太阳能板生产及应用、果蔬深加工、种质资源开发与温室培养等。公司能够为水处理、污水处理、滴灌系统、喷灌装置、近海海底污水处理、各类气体液体电缆管道等业务提供一站式解决方案。Jain公司是智能节水灌溉和高效农业系统可持续发展的全球领导者，具有微灌（滴灌和喷灌）、塑料管件、食品加工、生物技术（组织培养）、绿色能源（太阳能光伏系统）、一站式交钥匙项目等全农业产业链服务能力。发展到今天，Jain公司已是一个全球性的集团公司，拥有包括以色列纳安丹吉灌溉有限公司（NaanDanJain）、美国吉安灌溉系统有限公司等众多子公司；在全球各大洲范围内拥有30多个制造基地，正在为

126 个国家提供设施农业制造设备。公司业务广泛，在全世界范围内有7000 多个分销商。

Jain 公司在农业产业化发展模式中的核心业务是为农户提供滴灌系统和提供种苗。Jain 公司提供滴灌系统和提供种苗给农民，农民享受Jain 公司提供的免费技术服务以及技术培训；在农产品价格过低时，Jain 公司的加工厂可以回收农户种植的部分农产品（主要涉及香蕉、芒果等少部分农产品）。为了鼓励当地农户接受 Jain 公司的滴灌系统和种苗，Jain 公司建设了若干示范种植园园区，在园区里，当地农民可以直观地观察到接受该公司的滴灌系统和种苗以后的运营情况；由于贾尔冈当地的气候高温高热、降水季节分布不均，Jain 公司的滴灌系统种植有较明显的实施效果。

Jain 公司拥有完备的种苗组织培养实验室和生产基地。印度为防止生物入侵，基本不从国外引种，只培养发展本地农业品种。Jain 公司的核心业务之一便是培育各类种苗，香蕉、芒果、甜橙、石榴、番石榴、黑胡椒、洋葱、土豆、辣椒、咖啡等，均通过组织培养获得种苗。此行重点考察了香蕉品种（考虑到海南也是中国的香蕉生产大省）。Jain 公司在实验室研发香蕉种苗、组织培养出幼苗，在种苗培养温室中经过2 次强壮适应培养过程（Hardening）之后，才能供给农户，一共需历时9 个月；Jain 公司开发、培养的优质香蕉种苗，产量从传统的 1 枝 20 千克增加到 30 千克，收获次数可从 2 季延长到 3 季，总体增产 2 倍，而且香蕉产品的质量更有保证。香蕉种苗培养后以相对合理的价格卖给种植农户（Jain 公司靠规模化培育来保证其稳定的经营利润）。

Jain 公司的温室技术也较为先进。Jain 公司开发的温室有多种用途，可用于蔬菜的反季节种植、花卉栽培、种植材料的驯化、出口市场的水果作物种植、植物育种和品种改良，可提供不同大小的温室，并根据客户要求进行定制化建造。温室设计的复杂程度也各不相同，从简单的多层聚合膜覆盖到高度复杂的全自动化聚碳酸酯薄板屋面系统（双壁）、PAR照明、吊杆灌溉、滚动台和全尺寸计算机化（全自动）系统。

Jain公司拥有自己的食品深加工工厂。食品工厂建设了若干条自动化生产线，能够将芒果、香蕉、番石榴等不易贮存的热带水果制成果酱、果汁等深加工产品，或将洋葱与蔬菜等进行脱水，让公司收购的生鲜农产品得以长期保存，避免市场价格波动带来的冲击和影响。Jain公司强调绿色生产和循环利用资源，食品深加工过程中产生的废弃物，通过专门配备的沼气发酵罐系统生产沼气，为工厂提供生态能源；残渣则用作有机肥料，回归土地用于土壤养育、改善。

在保障农民收益方面，Jain公司主要提供三方面支持：第一，与农民约定若农产品市场价格过低时，农民可以选择将产品按照五年内的市场平均价格卖给Jain公司旗下的农产品深加工工厂；而市场价格较高时，农民可以选择把产品卖给市场。第二，Jain公司提供免费的技术建议、咨询和指导；购买Jain公司提供的种苗和购买Jain公司销售的灌溉系统的农户，可以享受Jain公司提供的免费农业技术服务。Jain公司会根据农民土地的面积、农民的集中程度和所种作物在每个区域提供数量不等的技术员。第三，Jain公司自身建设若干农产品深加工工厂。经加工厂深加工的农产品销路相对稳定，对当地生产的香蕉、橙子、芒果等农产品需求比较稳定，可以在农产品没有销路时，回收少部分农产品，保障农民连续生产的积极性。

（七）印度农业产业化模式对海南农业发展的启示

1. 高度重视农业合作社的积极作用

农业合作社有助于促进农业科技的推广与运用，提高农业劳动生产率，增加农产品市场供给能力；扩大农业规模化经营，逐步实现农业产业化，增加农产品附加值，帮助农户规避市场价格风险；克服小农户和大市场之间的矛盾，提高农民的市场竞争能力和商业谈判地位。因此，海南农业产业化发展要高度重视并充分发挥农业合作社的积极作用；政府应该给予合作社更多的指导、支持和帮助，让合作社给农民提供更多的农业科技宣传、生产技术培训、市场信息发布、农业保险推广等方面的服务；逐步增强合作社的服务意识，发挥广泛的职能作用；让农民社员通过这些服务，在农业生产和经营活动中，利用现代农业科技知识的宣传、农业职业技能的培训提高农业科技素养、提高劳动生产率，在单位面积上得到更多产出；利用网络信息的普及帮助农民进行市场信息的搜集和分析，提高农民的市场和管理意识，降低农产品市场风险；利用农业保险的推广和普及，提高农民防护自然风险的意识和能力，降低农产品自然风险。

2. 加大农业科技投入，培育海南农业研发综合支撑体系

在发挥政府在农业研发中主导地位的同时，依托自由贸易港先行先试的制度改革契机，不断深化农业科技体制改革。在深化农业科技体制改革时，要明确科技服务机构的公益性，通过加大财政的支持力度，改革科研投入的体制机制，鼓励、支持省内主要高院与重点农业企业等不同机构以多种形式参与到农业科技服务中，更好地发展“科技兴农”，促进农民脱贫致富。不断加强农业科研、教育和推广结合，从体制上解决农业科研、教育和推广机构分散管理的问题，明确各级农业科研、教育和推广机构由同级农业主管部门统一领导。同时，完善对农业科技机构的考评和奖励机制，推动研究和教育机构加强与生产的结合，促进科技成果转化应用。在互联网和新媒体迅速发展的背景下，要充分发挥网络的传播效应，充分利用电视、网络、广播等传播手段的高覆盖优势，方便快捷地向农民、农村干部、农业技术推广人员提供和宣传农业科技服务的各种信息，从而优化农业科技服务推广形式，加大科技宣传力度。

3. 进一步加大对农业的各类金融支持

充分利用《特区立法权》以及未来可能出台的《自由贸易港基本法》，对金融支持农业发展予以立法保障和政策支持。例如，通过立法强制规定农村金融机构的网点设置比例和授信份额，政策引导为农村金

融服务提供优惠条件等；持续完善包括农业保险等在内的海南农村金融综合服务体系。创造相对宽松的金融监管环境，不断革新监管观念，实行稳定、发展、创新并重的有效管理，促进农村金融服务的市场化、自由化。

4. 培育海南本土农业龙头企业

充分借鉴印度 Jain 公司的发展模式，培育本地龙头农业企业，并引导农业企业与海南省内农场以及种植农户建立起稳定的合作关系，并通过龙头公司的带动效应，打造海南热带农业的种子开发、种苗培育、综合灌溉、水肥一体化、农业保险、农产品深加工、农业品牌化建设等多领域的协同产业化发展体系。

三、荷兰农业发展模式及经验借鉴

（一）荷兰的地理位置

荷兰历史上就是欧洲大陆腹地的主要出海口，阿姆斯特丹、安特卫普等大型港口直通北大西洋航道，提供便利的海上贸易渠道。另外，荷兰在陆地直接面对超过 5 亿人的欧盟共同市场，不仅陆上铁路公路交通四通八达，基础设施完备，而且整个欧洲区域农产品流通无关税，渠道顺畅。欧盟中购买力强的英国、德国和北欧地区几乎都以荷兰为农产品直接进口国。与荷兰相比，东欧区域基础设施较为落后，设施农业和交通条件不如荷兰；而西班牙与意大利等农业发达国家地理位置较为偏远。因此，荷兰农产品出口 70%以上直接面向欧盟，而其中德国又占据 25%。

（二）荷兰的农业生产模式

近 30 年来，荷兰农业发展模式实现了以家庭农场为主的小型和分散型农业到大型设施化农业的转变，这一转变与欧洲市场一体化进程密切相关。欧盟建立以后，大型零售商集团应运而生，蔬菜、水果等销售市场寡占化。大集团垄断市场并要求农产品品质稳定的大量供应。这样，小型农场和批发市场等失去竞争力，大型设施农业组织形式成为荷兰农业的主流，农场经营规模不断扩大而数量趋于减少。农业康采恩为主导的生产经营现代化深入推进，规模优势与效益提升。在荷兰这样一个自然条件并不优越的国家，通过发展设施农业和精细栽培，取得了举世瞩目的农业发展成果。单一化和规模化的经营也给产业带来技术优势。以番茄为例，荷兰番茄年产量 99.2 万吨，远远低于我国年产量 5811.7 万吨；但荷兰番茄种植面积仅 17.9 平方千米，我国番茄种植面积超过 1 万平方千米。换算荷兰番茄的单位面积年产量达到惊人的 37 吨/亩，远超我国［联合国粮农组织（FAO）在 2014 年统计数据］。不仅如此，每生产 1 磅番茄，荷兰农业消耗 4.2 升淡水，美国消耗 56.8 升淡水，而我国则需 128.7 升淡水（2010 年数据）。可见，荷兰农作物栽培模式是一种针对市场需求的，高度集约化、高投入、高土地利用率、低环境负担和低资源耗费的模式。

（三）荷兰的农业创新与开发

荷兰农业取得的成就离不开在政府培育和市场引导下的科研机构的创新和努力。早在 1932 年荷兰就制定了旨在促进大学与民间企业共同研究、技术转化的法律，并设立了民营的荷兰应用科学研究机构 TNO。TNO 承担向民间企业推介大学的研究成果、官民协调、共同研究国际财团的组建等任务，还从事近于实业的研发活动。可见，设立产官学联合组织对荷兰农业的创新研究与技术开发起到了很强的推动作用。

从政府政策来看，荷兰政府在预算分配上向技术开发倾斜，重视技术开发甚于农户保护。荷兰在农业发展的不同阶段所采用的宏观政策是不同的。1982—1992 年，为促进农业增值，实行了温室生产农户均可获得 50%政府资助的直补政策。之后的政策调整为，降低对设施园艺的补贴，加大对技术研发的投入力度。1996 年荷兰政府向农渔部拨款 31.3 亿荷兰盾，其中用于科学和知识传播的经费占全部拨款的 41.5%。2008 年荷兰用于农业研发方面的支出高达 4.11 亿美元，明显高于英国等国家。

荷兰还积极创立了以瓦赫宁根大学为中心、汇集国内多所农业大学和公共农业试验场的瓦赫宁根大学与研究中心。由瓦赫宁根大学承担高级研究开发和管理人才培养，通过在瓦赫宁根地区形成以瓦赫宁根大学为中心、聚集民间企业研究机构的研发基地，使得从消费者需求到基础研究的一贯制研发成为可能。2011 年，依托瓦赫宁根大学构建设计的“食品谷”也逐渐成形。2014 年，瓦赫宁根大学与世界诸多顶级研究机构合作在“食品谷”成立欧洲研发中心，共同打造农业发展的智力引擎。

（四）荷兰的农业政策与支持

荷兰政府颁布的《2007—2011 年政策规划》及 2010 年制定的行业创新鼓励政策中明确提出，通过投入 1.5 亿欧元打造九大优先发展领域，这其中就包含农业和食品、园艺等产业。为此，政府成立创新创业基金鼓励企业创新研发，包括可用于支持科研机构或专家的技术服务费（最高支付 50%）、可行性研究费用（最高支付 50%）、科技研发费用（100 万欧元以内支付 35%）等。在具体产业调控方面，温室面积、设备价格、温室建造等方面主要依靠市场调节，政府不直接进行管理，更多通过减免税收等手段引导发展。例如，对农场主购买经过节能环保认证的产品（如采用地热、太阳能的设备），可申请高达 30%的企业所得税减免。

世界许多国家都是通过农业合作组织来向农业法人提供技术、金融、流通等“一条龙”服务的。这有其便利之处，但也存在明显弊端，如各功能组合在一起后，农户的选择面变窄，各项服务未经竞争的洗礼，专业性得不到锻炼和提升。而荷兰对农业法人的扶持体制是，技术、金融、流通等各服务功能独立，均由民间企业作为盈利业务来提供，农业法人可依自身的经营状况和能力，从多个企业中选择所需的服务。

同时，荷兰政府的引导并没有直接干涉农产品的规模化生产，农产品的规模化种植还是主要由零售商主导的市场提出要求，并由农业零售商具体实施。目前，荷兰栽培面积前三位是番茄、辣椒（甜椒）和黄瓜，这三者一共占了全国农作物面积的80%左右，而在国际农作物出口排行榜上，荷兰这三者也高居榜首。

（五）荷兰农业对海南省农业发展的启示

荷兰农业是一种依赖国际市场的外向型农业，通过集约化生产产生规模效益，以重投资和高技术提升竞争优势，以设施农业摆脱作物对自然条件的依赖，这些优势中也潜伏着危机。例如，2014 年，因为对番茄市场的计算失误，荷兰大量种植的番茄遭遇产能过剩危机；2015 年，俄罗斯和欧洲的贸易禁令为荷兰的农产品出口带来重创；生态种植技术发展和新品种的开发，使得西班牙的番茄在近年来也能以生态安全的姿态进入欧洲市场，给荷兰带来了竞争。荷兰花卉出口在 2011 年占国际市场的 58%，但近年来也下降至 52%，究其原因是埃塞俄比亚等自然条件优越的国家，通过技术更新和物流管理进入了国际市场。

海南省地处热带地区，设施农业相当落后，蔬菜生产受到自然环境的严重影响，比如海南省土壤以贫瘠的酸性红土为主，种植户为提高产量大量施肥带来较严重的环境负担；海南省蔬菜生产在夏季高温期间几近停滞，露天种植蔬菜品种均难以抵御热浪侵袭；而农作物在面对热区高发病虫害危机时也常常通过增加农药施用应对。这些都是海南省农业在发展过程中，达到我国现代农业发展减施增效的目的所必须克服的难点。借鉴荷兰产—政—研机构的发展经验，促进适合海南本地环境的设施农业建设，降低蔬菜生产对自然条件的依赖，可为海南省农业发展提供助力。海南省建立生态强省的目标也可以借鉴荷兰生态农业理念，在农业排放物质的重复利用、病虫害防控的物理和生物机制等方面，也有很多值得学习的地方。同时，海南省农业以小农户为主，如何在保障农民利益、帮助农民脱贫致富的基础上，引进投资建立设施农业、生态农业和可持续发展农业，这也值得深思。如何在自由贸易岛建设的基础上，建立农资产品市场竞争机制、自由贸易机制和质量与价格监管机制，也是我们可以学习的地方。荷兰通过规模效应，打造番茄、辣椒（甜椒）品牌，占据国际市场的方法，对我们打造特色农业和农产品品牌也有可供参考之处。

四、日本农业发展模式及经验借鉴

（一）日本的农业资源

日本国土狭小，仅为 37 万平方千米，资源匮乏，人口众多，土地稀缺。在工业化和城市化的激流下，农业用地更是大幅度锐减，除了农地、水资源、能源资源不足的限制外，也一度面临农业环境污染和农产品质量安全等问题。自然条件制约了日本不能像美国、澳大利亚等一样建立大规模的农场。但是自 20 世纪末期以来，在资源禀赋极其不足的条件下，日本政府通过及时调整农业方向，发展生态农业及农业循环经济，逐步实现了农业的现代化和农民增收以及农业的可持续发展，走出了以日本小农经济为代表的高水平农业现代化之路。

（二）日本的农业生产技术

从 20 世纪 60 年代中期开始，日本就一直注重以土壤改良为基础的有机农业的发展，农地改良成效十分显著。截至 2015 年底，日本全国共建立了 4710 所土地改良区，共新造农地 110 万公顷，约占总耕地面积的 25%，有效弥补了耕地的非农占用。尽管受工业化、城镇化影响，日本的耕地面积总体不断下降，但耕地质量和农业综合生产能力明显提高。目前主要的一系列可持续发展的农业技术有：抗性作物品种的选育，利用秸秆还田、施用绿肥和动物粪便的方式保持土壤肥力，采取物理和生物的措施防治病虫草害，采用合理的耕种措施保护环境，防止水土流失，保持生产体系及周围环境的生物多样性。目前，日本农业机械化水平处于世界领先，在提高农业环境治理和改善方面也有很多高新且成熟的技术，例如，高效肥料使用技术、土壤诊断技术、残留农药简易诊断技术、无农药无化肥栽培技术，以堆肥、绿肥作物使用技术为主的土壤复壮技术，以局部施肥、肥效调节型肥料、有机质肥料使用技术等为主的化肥减量技术，以及以机械除草技术、动物除草技术、生物农药使用技术、对抗性植物使用技术等为主的化学农药减量等技术，并一直致力于农业循环经济的技术示范及推广。

（三）日本的农业技术推广与补贴

20 世纪 60 年代，经济崛起的日本为农业的推广普及投入了极大的财力。1961 年出台的《农业基本法》使农民享受了政府的极大的利益。例如，1986 年，日本的农产品的补贴价格为 400 亿美元，占据了世界各国政府农产品补贴总和的 1/3 以上。农田水利建设等大工程完全由政府出资，对土壤改良、农业开发、耕地水旱改造均进行补贴。农协等其他合作机构购买的农具和设备，政府会给予 50%左右的补贴。2013 年统计的日本农户年收入约为 7.5 万美元（超过了国家公务员），实际收入的 50%来自政府的各种补贴。在农村基础设施建设方面，主要有补助金以及长期低息或无息贷款等金融手段促进农业经济发展。日本是世界上农业保险制度较健全的国家之一，其共济制农业保险体系为其农业产业化提供了有效的风险保障，其农业保险内容几乎包括了所有的农业项目，保险业务均有政府补贴。日本政府还一直致力于海外农业开发，将农业"走出去"视为保障粮食有效供给的重要战略。并且，日本政府更是把农业科研投入放在首位，用财政支持补贴，并免费向农民推广。日本的农业信贷模式与金融体系相辅相成，不仅给这些机构利息补贴，还给予免税支持，等等。

（四）农业法律法规体系完善与农协互作

日本为了保证粮食的供给，在农业形式上实现管理规范化结合补贴形式多样化。在国土面积有限、资源匮乏的大背景下，根据当前农业生产面临的情况先后出台了各项法律法规，例如，1947 年的《土地改良法》、1953 年的《农业机械化促进法》、1971 年的《土壤污染防治法》、1992 年的《有关新的食品、农业、农村政策方向》、1999 年的《食物、农业、农村基本法》《可持续农业法》《堆肥品质法》。2000 年，关于有机农产品的一套法律法规的出台，使日本有机农产品认证过程具有规范性。2005 年的《食物、农业、农村基本计划》《农业环境规范》，使得日本农业发展方向不再将农业收益作为今后的发展目标，而是采取了更多的措施使日本全面进入"环境友好型农业"发展阶段。之后出台的各种法律法规均促成了构建日本完善的农业法制体系，使得日本农业始终平稳发展。

日本有全国统一的、遍布各地的、结构完善的农协组织体系，几乎全国的农户都参加了农协。日本农协具有强大的社会服务功能，从会员的生产经营到生活等服务无微不至。例如，为会员农户采购生产生活资料、销售农产品、金融理财服务、农产品加工、育苗育种、储藏、农机器械维修、医疗保健、房地产信贷、邮政、农民婚丧，等等。公益性的服务让农户能够与市场面对面交流，克服了生产经营的局限性，极大地提高了农业经营效率。

（五）日本农业对海南农业发展的启示

日本现代农业水平在世界上处于前列，农业生产技术水平不仅处于一流，通过政府的完全干预，大力支持农业生产活动，还建立了一套法律法规及各种福利政策的保障体系。我们应该借鉴它们的经验，设计一套适用于自己的方案，以加速我国现代化农业的进程。为此，提出以下几点建议：完善法律制度，支持土地流转、农业开发和资源利用，政府要以财政手段支持农业产业化金融、以财政支持发展农业科研事业，革新农业技术并免费推广给农民，对农业规模化采取各种形式的补贴，建立农业合作组织。推广农业循环经济的技术，保障产量的同时也注重农产品的内在竞争力。同时，政府也应鼓励和支持生态观光休闲农业的建立。

五、中国台湾地区农业发展模式及经验借鉴

（一）中国台湾地区的农业资源概括

台湾省是中华人民共和国省级行政区，由中国第一大岛台湾岛与兰屿、绿岛、钓鱼岛等附属岛屿和澎湖列岛组成，陆地总面积约 3.6 平方千米。台湾岛多山，高山和丘陵面积占全部面积的 2/3 以上，气候冬季温暖，夏季炎热，雨量充沛，给岛上的河流发育创造了良好的条件，同时为台湾农业发展提供了必要的条件。台湾农业自 1945 年起，经历了粮食发展阶段、支持工业建设阶段、农工并重阶段、迈向自由化调整阶段和发展三生农业阶段 5 个阶段。台湾地区农耕面积约占土地面积的 1/4，截至 2021 年底，台湾省总人口 2350 多万人，其中农业人口 400 多万人。台湾主要粮食作物为水稻，一年二至三熟，米质好，产量高，

占粮食总产量的六成以上，素有我国“海上粮仓”的美称。主要经济作物有蔗糖、茶、蔬菜、水果、花卉等。其中蔬菜的种植品种接近百种，种植面积仅次于水稻。花卉产值也相当可观，经历了近十年的发展，花卉、蔬菜现已成为台湾地区农业重要的产业部分。台湾素有“水果王国”美称，水果种类繁多。目前，水果种植面积 23 万公顷，主要有香蕉、菠萝、柑橘、芒果、柚子、柿子、释迦等。农业生产总值占国民生产总值的 3%，其中种植业、畜牧业、渔业及林业产值的比重分别为 31%、37%、31%、1%。

（二）中国台湾地区农业技术研发、科技成果转化与推广情况

中国台湾地区农业从生产到销售各个环节都非常重视科技引领，在科技创新、设施投入、技术改良、结构配套、品质提升等方面都走在了世界前列，真正实现了“产学研”相结合，在育种技术、良种技术、栽培技术、高新技术及产销运管技术等方面，具有一定的国际影响力。例如，在高新技术方面，中国台湾地区积极发展自动化技术、生物技术等。目前在农业生产上应用的自动技术有农作物受灾预测及遥测、地理资讯系统、卫星定位技术等。在品种改良上，通过生物技术和基因技术对特色产品不断换代升级。由一位农民建设的七彩火龙果园，20 年来，一直孜孜不倦地致力于研发创新，以百香果、水蜜桃、木瓜等水果与火龙果授粉，改良提升口感和香气，生产出口味丰富的火龙果，科技含量较高。

（三）中国台湾地区农业组织与生产模式情况

1. 中国台湾地区农业的组织模式

在台湾当局的大力支持下，台湾建立了包括农会、合作社、农业产销班以及策略联盟等农业合作组织体系。依照中国台湾地区所谓的“农会法”规定，建立省、县、镇三级农会，三级农会相对独立，上级农会

不干预下级农会人事、财务，但下级农会接受上级农会的技术指导和业务培训。农会涉及生产经营各个环节，为农民提供全方位的服务。实行合耕合营、共同营销、统一加工、统一运用新技术、购置生产资料等，确保产品标准统一。根据市场需求，建立产业产销班，通过共同投资、经营、运销，彰显团队力量，让小农场联合实现现代企业化的经营管理，提高市场竞争力。建立策略联盟，设立农业策略联盟基金会，各农业组织结合各自稀缺的有限资源进行联盟，通过共同研发、互相授权、物流协议、合作生产及股权投资等方式，在生产、加工、物流、休闲、贸易等领域进行合作，提高核心竞争力，共担风险，实现双赢。农会提供多项科技农业企业计划资源，以协助企业提高科技研发能力，推动产学合作与技术转移。

2. 中国台湾地区农业的主要生产模式

休闲农业模式。中国台湾地区的休闲农业发展始终坚持生态为先，以生态提品质、向生态要效益。每一座休闲农场的顶层设计都独具匠心，追求精致、美观、自然、和谐之美，让人既能感受现代科技文明的魅力，又能充分体验田园风光的韵味。各个休闲农场都有满眼的绿色、新鲜的蔬菜水果、五颜六色的花卉、清新宜人的空气、舒适宜居的农业庄园等，为人们营造了一个远离尘嚣、修养身心的美好空间。可以说，一座休闲农场就是一处美丽的自然景观。中国台湾地区休闲农业紧紧抓住“休闲”“文化”等信息，文明与旅游文化相融合，设计了一系列旅游项目，带给游客视觉、听觉、味觉、嗅觉和触觉等多方位的刺激和体验。各个农场和企业都十分重视新技术产品的开发，都善于根据自身特色研发出自己的主导产品、系列产品、创意精品。企业产品的成功挖掘、开发，增加了产品的科技含量，延长了产品链条，带动了产业发展，增加了企业收入，支撑企业永续发展。

有机农业模式。有机农业模式遵循减量化原则及经济与生态共生原理。有机生产方式不允许使用合成化学物质，强调水土资源保育与生态平衡管理。有机肥料的使用及农药的弃用，具有减少地下水污染、改善土壤理化性质、提升土壤生产力、维护自然、保育环境等生态效益。完善的有机农业认证体系，是台湾有机农业得以普及与深入发展的重要原因。有机农业的资格认证、验证机构的资格审核，以及稽核员对有机农产品的不定期检测，防范了农产品市场因信息不对称问题导致的道德风险。有机农业亦有其独特的销售渠道。除普通市场、超市、专卖店的传统渠道外，农民还可直接在检验组织设立的有机农夫市集上销售有机农产品。如中国台中市中兴大学有机农夫市集，位于中国台湾有机验证机构之一的中兴大学校园内，每周六上午 8：00~12：00 营业，主要销售有机水果、有机蔬菜、有机大米、有机茶叶、有机棉花等有机农产品，消费者可通过扫描二维码查验所购买产品的种植农场、检验机构、抽测情况、责任人等信息，信息公开的透明化显著提高了消费者对有机农业及有机品牌的认可度。

循环农业模式。循环农业模式遵循再循环原则及农业与环境共生原理，应用现代先进的农作物综合加工利用技术与设备，最大限度地利用进入生产过程的物质和能量，实现农业废弃物再生利用的良性循环。如设置“禽畜堆肥厂”，将禽畜粪便制成有机肥料，减少了化肥施用量，解决了排泄物污染问题；发展生物质燃料技术，以咖啡渣等农业废料为料源，利用快速分解技术，生成生物质油品替代部分工业燃油；建立分批式废水处理系统、污水净化系统、废树枝条重新利用系统等。循环农业模式将“资源—产品—废弃物”的开放式农业生产模式转变为“资源—产品—再循环”的闭合式农业生产模式。在这种物质和能量反复循环流动的农业生产方式中，废弃物成为放错位置的资源，经济发展与资源环境之间的尖锐冲突得以消解，“低投入、高产出”的资源节约型高效农业生产方式得以实现。

（四）中国台湾地区农业的政策支持

近年来，中国台湾地区农业政策调整方向是以高科技推动农业产业整合。农业结构调整的重点如下：一是把粮食生产作为基础产业，健全稻米安全体系，确保稻米种植面积在 35 万公顷左右；二是加速发展花卉、水果种植，建设花卉专业区、花卉物流营销中心，实施水果产销调节计划；三是控制养猪业污染，强化畜牧业自主调节功能；四是发展远洋渔业和水产养殖业；五是加快休闲农业、设施农业、精致农业和有机农业建设；六是发展农产品电子商务运销体系，建成花卉、水果、蔬菜、家禽、肉品、渔产等大类全球资讯网。中国台湾地区农业现代化发展离不开台湾当局的支持。中国台湾当局对农业进行全方位的支持，不只是基础设施建设，包括第二、第三产业，特别是技术培训与服务都有相关的配套政策给予资金上的扶持，对拉动中国台湾地区农业经济的发展起到了不可估量的作用。

（五）中国台湾地区经验对海南农业发展的启示

1. 实现规模化经营，提升农产品附加值

农业规模化经营是现代农业的发展趋势，其要求土地资源向高科技、高效益的农业企业、农业大户集中。台湾当局加大农地流转的政策鼓励，主要体现在以下方面：一是对土地出让农户进行补贴，且出租期限越长、出租面积越大，补贴越多。同时，以老农退休津贴方式鼓励老年农民退出农地经营；二是对租户土地流转进行补贴，对租户农地达到一定规模给予相应级别的补贴并且提供农田基础设施建设相关扶持；三是建立推动土地使用权流转市场化运转机制。为鼓励出租户、承租户及相关企业参与，台湾当局建立了农地银行，提供一些基本性资金贷款，特别扶植一些青年农民、大学生和实力强的创业团队，推动农业规模化经营。海南目前也有大学生回乡创业的例子，但是政策引导和扶持力度还不够，借鉴中国台湾地区经验，深化土地政府改革势在必行。

2. 发展精细化的农业生产，提升农产品竞争力

受人多地少、地势不平坦等因素的制约，中国台湾地区无法如同美国、澳大利亚那样进行大规模机械化生产。因此，精细化的农业生产是中国台湾地区农民最主要的生产方式。温暖潮湿的气候、肥沃的土壤、便利的灌溉条件，恰好满足了花卉、蔬菜等园艺作物生产的环境需求，使得土地的利用效率得到了最大程度上的提高。在农会的协调帮助下，蔬菜和花卉产业迅速发展，花卉生产包括切花、兰花、球根、盆花、种籽、苗圃等，其中以切花和兰花为主。近年来，由于中国台湾地区努力提高其品质并积极研发新品种，拓展国际市场，花卉外销增长迅速。海南需因地制宜地找准每个区域的优势产业，借鉴中国台湾地区的精准化发展的经验，实现产业升级，提升农产品的市场竞争力。

3. 构建农业信用保证制度，促进农村经济健康发展

中国台湾地区较早地形成了完善的农业担保机制，其中，农业信用保证基金制度是中国台湾地区农业担保体系十分重要的组成部分，其健康、成熟、稳健的运作方式在推进中国台湾地区农业产业结构转型升级、提升农民经济收入、促进农村经济健康发展等方面发挥了十分重要的作用。因此，借鉴中国台湾地区农业信用保证制度的成功做法，对海南建立完善、高效的农业信用担保体系具有重要的理论与实践意义。

六、国内其他地区农业发展经验借鉴

近年来，随着中央一号农业文件的发布，实现农业的增产和增收已经成为国家的战略部署。很多省、市、企业通过整合资源，对如何实现农业的增产和增收进行了很多改革和尝试，有通过整合地方农业产业资源增产增收的模式，也有通过产学研合作增产增收的模式，还有通过国内外项目、技术合作增产增收的模式，虽取得了局部的或阶段性的经验

和成效，但整体上还处于试验探索阶段。

（一）云南以政府为主导的增产增效模式

云南省玉溪市通海县15万亩外销型无公害蔬菜产业化项目（2012—2014年）。项目总投资3778.5万元，采用中央+省+市+县+企业联合出资进行建设，通海县每年投入2000万元进行农田、沟、水、路、小水窖、沤肥池建设，覆盖通海县2个街道办、4个镇3个乡，基地面积15万亩，覆盖20万余人，项目形成以金山蔬菜批发市场为龙头，依公路沿线建立24家产地蔬菜市场，设置88座冷库，1家有机肥厂（植物残体的回收利用），18个农药残留检测点，构成了县、镇、村三级市场网络和“大生产、大市场、大流通”的格局，以“科技+龙头企业+基地+专业合作社+农户”的生产经营模式带动农民增产增收。通海县是云南省重要的蔬菜集散地，全省40%的蔬菜通过该县流通，蔬菜销往全国各地及东南亚，每天可加工冷储蔬菜800万千克，年运销18亿千克，收购金额22亿元。项目建成后2015年全县农业GDP增长41.8%，农民平均每亩地年收入3万元。

（二）广西以科技体系驱动的增产增效模式

广西特色农业产业体系“连百企、进千村”行动，在广西政府提出科技创新相关政策的指导下，广西农科院通过与地方县市合作，在市建广西农科院分院、在县建试验站的合作模式，以特色产业为指导，把广西农业科技连接起来，开展“连百企、进千村”行动，把现代农业发展与精准扶贫结合起来，建立特色作物产业体系，设置体系岗位科学家，引导企业组建企业联盟，共同策划产业发展，相关科研人员绩效考评和职称评定与农业科技服务紧密结合。这种模式提高了科研人员的积极性，科技创新能力增强，新品种、新技术研发和转化的效率加快，特色农业在广西取得了很大的成功，农业增收明显。

（三）广东以企业联合驱动的增产增效模式

广东农垦集团通过整合集团内部研究单位，组成科技研究院，研究院依托农垦大平台开展技术研究（包括品种、植保、肥料等），形成农业技术标准和体系（从品种到农产品质量体系的控制标准），然后在农垦系统进行推广和应用。农垦集团和广州市政府部门机关食堂、学校食堂签订产供销协议，保证农产品的供应量及质量，解决了农垦集团及与其合作的企业的农产品销售问题，同时也解决了政府部门机关食堂、学校食堂的农产品安全问题。企业通过这样的整合，实现了转型与变革，同时，也带动了农业的增产和增效。

国内其他地方政府和当地企业通过多种方式对实现农业增收进行了有益探索。例如，广东农垦集团通过组合自己集团内部的研发、生产和终端的销售平台，建立了一套“研发—生产—销售”体系，该体系可为海南省农业类经营企业提供借鉴；可以考虑通过组合国内外的企业资源和科教单位的资源，结合国家层面和海南省层面的政策及产业发展资金，为海南农业增收提供一套行之有效的生产组织模式，创新农业科技研发和推广模式。

第三章

构建热带农业产业化、组织化项目运营新模式

海南自贸港建设和现代产业体系部署，对热带高效农业的发展提出了更新、更高的要求。但由于农业发展的产业化、组织化程度偏低等问题，海南农业呈现“有资源无优势、有特色无规模、有规模无品牌、有品牌无管理”等现象，离省委、省政府期待的发展仍有较大差距，不能适应实施乡村全面振兴战略、建设自贸港的内在需求。因此，本章在汲取国内外农业产业发展经验的基础上，探索构建新型热带农业产业化发展模式。

一、项目运营总体组织架构设计

本项目旨在促进海南农业发展和农民增收，也有望为全国农业产业发展树立示范样板，满足国内高质量农产品需求，甚至带动中国农业走向国际农产品市场。由于本项目意义重大且可能涉及国际合作，为避免项目实施对海南农业带来系统性风险，从谨慎推进的原则出发，课题组建议本项目分阶段试验实施，在初期阶段选择海南部分县市的少数农产品进行试验。

海南省农村人口约 556 万人（按户籍），直接从事农业生产的有 223 万人（《海南省统计年鉴》（2018），海南省统计局，2019 年 1 月）。结合海南农业发展实际情况，要实现海南农业产业高效发展，仍需要以农民为生产主体，调动农民的生产积极性，培育职业化农民，盘活农村土地，提升产业生产效率，增加农民收入。海南省具有优越的光热气候条件，对比国内其他省份，主要在种植业上具有比较优势，因此本项目建议选择具有代表性的瓜果和蔬菜作为产业试点。在汲取国内外农业产业发展经验的基础上，本项目从农产品的生产、流通、销售三个环节出发，总体上设计为三级组织架构，分别是一级种植农户与村级合作社、二级执行公司（种植公司、农资公司）、三级销售公司（见图3-1），三级架构中以综合农业研发公司拟筹建的国际热带绿色农业创新研究院（有限公司，简称绿创院）为核心带动。

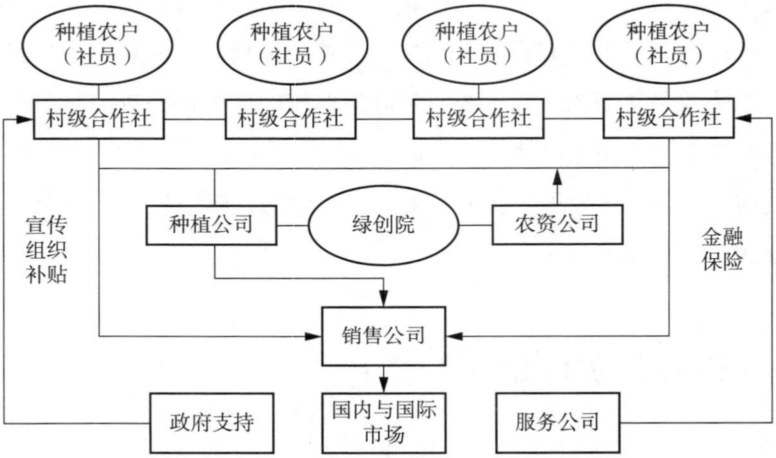

图 3-1　项目总体组织架构

本书构造的热带农业产业化发展项目架构，以农业研发创新为核心驱动力、以高品质低成本品牌化为目标，联结种植、流通和销售各个环节，此公司必须具有持续研发新技术、新品种的能力，这是规避外来市场进入者的最有效手段，应确保作物品种在 3～5 年内更新一次，产品成本比一般农户低且品质比一般农户高，形成行业内强有力的竞争优势。三级销售公司在市场方面起主导作用，它面向最终的消费市场，自负盈亏，承担了主要的市场风险。二级执行公司的优势在于利用先进的农业技术和科学的种植规范来帮助农户控制生产过程的风险。种植农户跟二级执行公司之间的联结是灵活的，可以是“种植公司主导+雇佣农户”的稳定合作模式，也可以是“种植农户主导+市场交易”的松散合作模式。根据不同作物品种的发展实际，农户和公司之间的合作模式是一种自由选择，农户是否需要组建合作社实现小农的组织化，也是基于农户生产需要。

二、绿创院的功能定位及工作职责

绿创院是本项目架构的核心驱动力量，负责保障整个运营模式过程的持续技术更新和持续盈利能力。绿创院可以由海南省国资委（或相关国企）牵头组建，吸纳岛内外（包括国外，如以色列）具有品种与技术研发能力的公司或组织入股，构建混合所有制下的股份制企业。该农业研发公司可根据不同作物品种和技术流程成立多个研发中心，包括品种改良、作物营养、灌溉技术、农业生产智能化、病害处理、品质检验等。绿创院有公有制成分，但以市场化运作为导向，主要面向生产实际解决农产品生产过程中所有的技术问题，二级执行公司需要支付合适比例的技术专利与服务费用，确保绿创院的正常运转。在高质量低成本品牌化的农产品带来可观市场效益的情况下，绿创院需要获得二级执行公司的专项研究资金支持。

绿创院主要实现以下功能：①为农户提供优质种质资源，包含内部研发和外来品种引进（优先从以色列引入优质农业品种）。②通过种质资源调控全省农业种植区域、种植规模，进而间接控制市场总产出，使海南省农业生产逐步实现有序化经营。③通过战略合作方式，引进并对接二级公司（包括农产品种植、农业设备公司、灌溉技术公司、农药公司等）。④通过农产品品质检测服务，对所运营的农产品质量提供品牌背书，打造海南农产品品牌，逐步实现海南省农产品品牌化发展。⑤提供一对一或一对多的农业种植培训与技术推广。在该模式中，海南省各级政府给予农户种子补贴、肥料补贴、设施设备补贴以及农产品保险补贴（比照为农产品销售兜底而言，政府的财政风险已经大大降低）；同时，政府将对绿创院向农户销售种子、水肥、设备等方面的市场定价行为进行指导和限制，以切实保障农户权益。

三、二级执行公司的功能定位及工作职责

二级执行公司是围绕一个绿创院展开的多个农业技术产品与服务的农资公司、规模化的农业种植企业，农资公司包括农药公司、农机公司、肥料公司、土壤改良公司、灌溉公司、分拣包装公司等（见图3-2）。

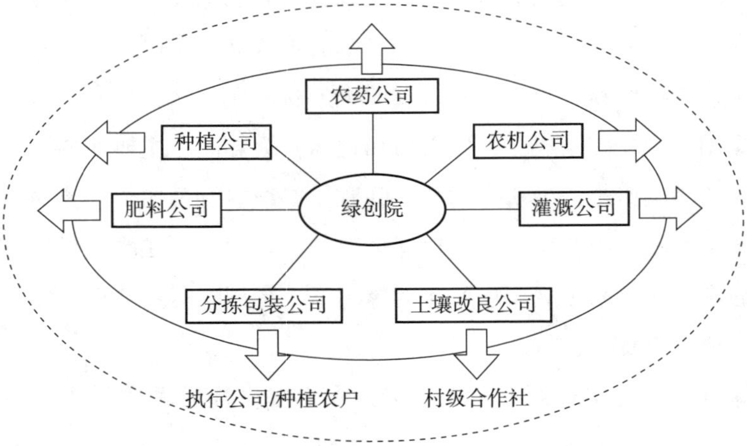

图 3-2　绿创院与二级执行公司的关系

绿创院为各个二级执行公司提供技术创新支撑，二级执行公司是生产环节的专业化农业公司，其功能定位主要是农业设备的制造、农业投入品生产、专业技术培训、农产品种植等。可吸纳现有国内外具有专业设备制造和技术培训能力的企业作为二级执行公司，也可以吸引在农业专业化领域有兴趣且有一定知识储备的青年创业者和他们的创业公司，鼓励懂农业技术和农业生产经营的大学生青年创业者参与。政府为二级执行公司尤其是青年创业者提供相应的政策支持。执行公司在本研究中承担以下工作职责：第一，与绿创院合作，保障农业新技术或新品种的

持续更新。海南土地相对分散，且平原地势不多，农业气候条件与其他国家或地区有很大差异，光热条件好但不可控。这就需要依靠绿创院根据海南本地条件设计改进新品种或新技术，并进行试种试验，评估新品种、新技术在海南的适用性和经济性。另外，需要根据种植生产和市场情况保持新品种或新技术的革新，以抵御外部市场竞争。第二，为种植农户或合作社提供专业化的农业设备与技术服务，通过专业化产品实现盈利，同时提供技术指导。二级执行公司与种植农户的合作是多样化的，根据具体农产品种植情况可形成固定雇佣式或松散的市场交易关系。第三，通过技术手段控制农产品质量标准。根据种植农户或合作社的需求，为农户或合作社提供生产资料和技术设备。依托合作社，对农户成员进行新品种或新技术的培训，并在生产过程中提供高质量的技术指导服务，控制好农产品的质量。第四，二级执行公司应注意在国际合作中存在的知识产权问题，有法律依据地开展技术合作和技术转让，避免引起不必要的产权争议和不良国际影响。

四、种植农户/合作社与销售公司的功能定位及工作职责

一级种植农户是生产主体，要充分利用海南省农村人力资源，推进土地集约利用，在产业体系中实现重要的生产功能。海南农业产业发展必须充分激发农民参与积极性，将产业发展和农民增收的目标紧密结合在一起。种植农户主要职责是按照市场情况选择跟合适的二级执行公司合作，采用二级公司提供的新品种、新技术，根据生产标准进行有序生产，同时接受二级执行公司组织的技术培训。如果组建农业专业合作社，农户须服从村级合作社组织管理。生产期间，生产投入成本包括种苗、化肥、农药、灌溉设施等由执行公司提供，可以在收获期后由农户支付，也可以在交易时直接支付，农户向指定的二级公司购买生产投入可以获得政府的直接补贴。二级执行公司的产品价格受到政府相关部门

的监管，避免虚抬价格挫伤农户参与的积极性。

根据产业发展实际情况的需要，小农户可以建立村级合作社，在生产环节应集合种植户力量，提升农户组织程度。合作者成员由普通农户自愿加入，合作社社长、副社长等管理层由成员民主选举产生。合作社作为二级执行公司跟分散农户之间合作的媒介，主要发挥组织生产和统一销售的功能。合作社主要有以下工作职责：第一，合作社是农户与二级执行公司之间合作的重要媒介。不同于很多发达国家农民，海南本地农户文化层次不高，且各地存在不同的方言，二级执行公司难以直接与众多分散的农户进行对接，村级合作社可作为双方沟通的媒介。执行公司只需要与村级合作社达成各项合作意向，由合作社代表所有成员与二级执行公司进行实际对接。第二，合作社协助二级执行公司开展生产技术培训，按照成员种植规模需要，以合理价格从执行公司获得生产所需的种苗、农药化肥等投入品以及相应的技术设备，监督合作社成员执行生产标准，控制农产品的品质。第三，组织合作社成员的农产品销售，生产出来的农产品通过二级执行公司的品质检验后可以贴特定的品牌标识，增强农产品附加值，由专业的三级销售公司以合理产地价格收购以后，面向市场销售。第四，合作社按照农户成员的自由意愿，组织成员购买必要的农业保险，防止自然灾害或病虫害等不可控因素带来的生产风险。

三级销售公司最终将与消费市场进行对接，政府不必为销售公司提供任何兜底或担保，这不具有可行性，农产品销售应该交给市场。在本研究架构之下，农产品的品质相对高，通过品质检验后实现统一品牌化，三级销售公司的主要功能是利用已有销售渠道和创建新渠道实现品牌营销、高质量农产品的市场变现。销售公司的职责主要有以下几点：第一，明确本研究农产品市场定位，分析农产品竞争优势，实现海南品牌化的农产品销售。根据双方意愿，销售公司可以与种植农户、合作社，或者二级执行公司中的专业化种植企业签订产品收购合同，形成稳定的市场关系。第二，结合执行公司的技术优势，根据市场需求，协助二级公司确立合适的农产品质量标准，对农产品进行分级定价。第三，制定营销方案，打响农产品品牌。随着中后期农产品专业化生产的稳步推进，可以建设农产品质量安全可追溯系统，通过电商平台和实体门店的结合，重点打造高品质、可溯源的农产品国内或国际供应链。

五、政府部门的作用

本研究提出的农业产业化、组织化的项目实施，必须依靠海南省政府的全方位支持才能顺利开展。海南省政府主要发挥以下作用：第一，海南省政府必须鼓励农户积极参与本项目架构的模式，根据发展需要协助建设农业专业化合作组织，对农民在项目中承担的任务和风险进行充分解释，以获得农户支持。第二，海南省政府需要对参与该项目的农户提供种苗、设备、农药化肥等农资直接补贴，以此作为对农户参与本项目的激励或帮扶。第三，借助国有企业，牵头组建综合农业研发公司（在本研究中暂定名为绿创院），并明确研发公司的股权结构关系，通过战略联盟方式大力引进并绑定专业化二级公司，对属于大学生青年创业的农业公司，可考虑提供必要的财政与政策支持。第四，如果涉及引进外方先进品种和技术设备，根据双边合作需要，政府可协助二级执行公司进行对外合作的沟通协调工作，为新品种、新技术的引进提供相应的便利，支持双边科学技术研发合作和技术知识分享。第五，保护农民利益，把控二级执行公司的产品价格，避免投入品价格虚高损伤农民参与积极性。鼓励农户购买农业保险，并提供保险补贴，降低农民在生产环节可能遭遇的灾害风险。

第四章

热带农业产业化、组织化项目的运营模式及制度设计

热带农业产业化、组织化项目的投入实施，离不开科学的运营模式及制度设计。为适应海南自贸港建设对热带农业产业化发展的要求，本书在海南原有农业发展模式的基础上，构建了“一个驱动中心，两个互动圈层”的组织运营模式，并在购销体系、质量控制与技术服务支撑体系、市场化销售与利润分配模式、金融服务与政府担保支撑体系、投资风险与政府财政风险分析等方面进行了创新设计。

一、组织运营模式与农产品购销体系

本书规划的项目采取“一个驱动中心，两个互动圈层”的组织运营模式。首先，绿创院作为驱动中心，与其他二级公司（包括育种、种植、肥料、农药、农机、分拣包装与物流公司等）建立连接，形成第一个互动圈层；其次，各二级公司向一级公司销售种子、农资、分拣包装等资源或服务，形成第二个互动圈层；最后，一级公司将收获的产品销售给三级公司（见图 4-1）。

第一，绿创院以专利授权的方式与二级公司建立直接的互动关系。绿创院凭借种子资源和先进的农业生产技术形成吸引力，与二级公司（如肥料公司、农业公司、种植公司等）签署战略联盟协议。把自主研发或引进的新品种、新技术申请专利，通过专利授权的方式将新品种、新技术销售给二级公司。

第二，绿创院以品牌认证的方式与一级种植公司建立间接的互动关系。通过两种方式与一级种植公司建立间接的联系，分别是种子专利授权和农产品品牌认证。

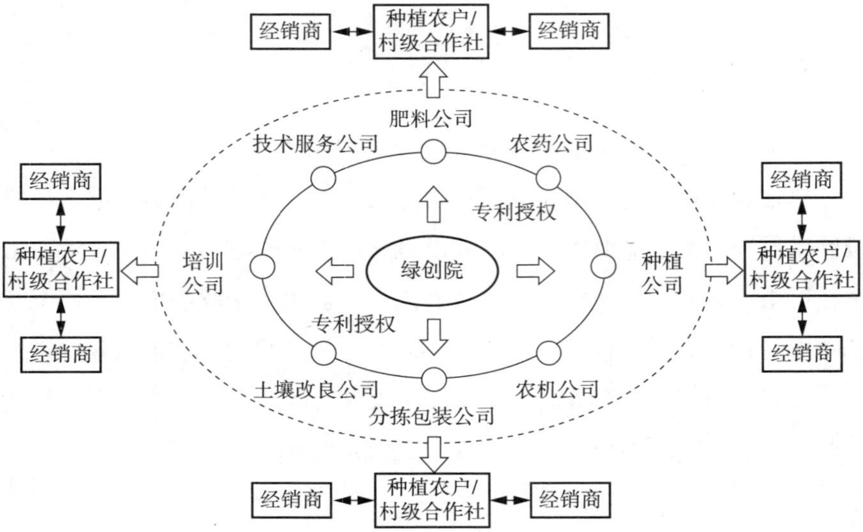

图 4-1　农业增收综合项目运营模式

第三，二级公司通过向一级种植公司销售种子、技术或服务的方式，与一级种植公司建立直接的连接。从经营主体来看，二级公司和一级公司可能来自当地的农业带头人、农业大户、合作社或当地龙头企业，也可以是同一个公司同时从事二级公司和一级公司的业务。从业务关系来看，二级公司向一级公司销售种苗、肥料或饲料，提供技术指导、农业服务。

第四，一级公司凭借产品质量与品牌优势，广泛与农产品销售公司建立直接联系，完成农产品销售目标。加入农业综合增收项目的一级公司具有专利保护的优良品种，能够获得先进的农业技术指导，符合标准的一级公司还可以得到综合农业研发中心授权的品牌认证。一级种植公司生产出的农产品凭借品质优势，通过与线上、线下的销售代理商建立合作关系，最终实现销售目标。

二、质量控制与技术服务支撑体系

首先，绿创院在质量控制方面要先建立产业标准，通过品牌认证的方式监督一级公司进行生产。要先有品牌化经营理念，通过建立完善的品质认证体系，用标准去监督和约束一级种植公司的生产行为。因此，绿创院应从育苗、种植、包装等环节全方位建立标准，用标准控制一级生产公司的生产行为，保障产品品质。

其次，绿创院要积极推动加入战略联盟的二级公司去监督和指导一级公司的生产过程。一方面，为了严格控制质量标准，绿创院应要求形成战略联盟的二级公司成立专门的技术服务工作站，定期巡查一级公司的种植生产基地，提前预防病虫害，保证种植生产基地稳定生产；同时监督一级种植公司的生产行为。另一方面，各二级公司在为一级种植公司提供技术服务时，二级公司与一级公司之间按照市场原则，自主商议收费情况。当然，二级公司作为一级公司的供应商，也可以把技术服务和监督指导免费地延伸到服务中去。

最后，绿创院要与更多具有技术创新能力的二级公司建立战略联盟，提高农业产业的信息化与自动化水平。绿创院还应该与更多其他技术公司合作，把这些技术驱动的创新公司纳入农业增收项目的战略联盟中来，不断提高农业产业的信息化和自动化水平。

通过自动化的生产控制系统，实现对生产基地的气温、光照、土壤、营销等关键指标进行动态测量，智能化提醒生产基地的农业生产工作，提高农产品产量和质量。例如，从事农业灌溉技术的捷佳润公司，开发了自动化控制系统，不仅可以为一级种植公司提供滴灌系统，还可以为一级公司提供精确的气象预报、生产基地的实时监控、病虫害观测等方面的数据服务。

三、市场化销售与利润分配模式

农业综合研发公司与二级公司之间通过市场机制，构建供需关系和销售价格。以种苗公司为例，农业综合研发公司把引进和培育的种苗以专利授权的方式卖给育苗公司。销售模式双方自主协商，可以是一次性专利买断，也可以是销售分成等不同模式。当然，为了保障农业综合研发公司对整个项目的影响力，根据新品种推出的战略规划，可以对新兴品种采取销售分成的模式授权专利，对即将淘汰的品种采取一次专利买断的方式回收成本。

二级公司与一级公司之间也是由市场机制所驱动的供需关系。在海南省的调研过程中发现，以农户构成的公司为例，当他们的年收入略高于当地平均水平时，农户就有积极动力加入该项目运营模式中。以文昌传味公司为例，该公司通过把鸡苗和饲料销售给农户，农户一年养殖两期，夫妻两人共同养殖，年均养殖收入在 10 万元左右，养殖户参与意愿很高。传味公司从养殖户手中收购产品，再销给海南各市县经销商进行销售。因为传味文昌鸡品质好，产品质量有保障，市场供不应求。

四、金融服务与政府担保支撑体系

本书规划的农业产业化项目应采取企业主导，政府政策支持的金融服务方案。

首先，借力产业链金融服务。以农业综合研发公司为龙头，联合二级公司和种植户打造的增收综合项目作为产业链抵押物，向银行申请贷款。通过产业金融融资，极大减少了政府负担，也增加了整个产业链每个环节的责任感和风险意识，有助于提高经营效率。

其次，二级公司可以与国内外风投基金进行合作，扩大融资渠道。

借鉴以色列的经验，该国农业产业之所以能够持续创新发展，其中一个重要原因就是获得了大量风投基金的支持。目前，国内也有越来越多的风投公司投资具有科技含量的农业公司，如君联资本（联想投资）、阿里资本、各省市农业投资集团等。

最后，政府通过提高政策资金利用效率的方式，为农业增收综合项目提供政策资金。政府在本项目中，主要起到政策扶持的作用，将一些常规农业发展资金优先用于本项目，作为奖励资金帮助二级公司推动农业产业化、组织化发展。

五、投资风险与政府财政风险分析

本项研究规划的项目风险主要集中在一级种植公司面临的市场风险和生产风险。首先，市场风险主要存在于收购的农产品是否能够及时销售给最终消费者。其次，生产风险主要在于自然灾害和病虫害等。

为了减少经营风险，首先，农业综合研发公司有责任开展合理的产业规划，通过专利授权的方式控制种植规模，保障一级公司种植户的利益。其次，一级公司需要与广大经销商建立合作关系，实现产品销售。一级公司需要与线上、线下的销售代理商建立合作关系，确保有足够的销售渠道完成产品销售。最后，一级公司可以通过购买农业保险方式来防范自然灾害侵袭。

除此之外，政府应创造良好的营商环境，以降低一级公司和二级公司的经营风险。为了吸引企业加入农业增收综合项目，海南省政府应该制定相关鼓励政策降低一级和二级主体的经营风险。首先，政府可以为参与整个商业模式的企业提供前三年免税政策。其次，政府应积极为整个产业模式的推进提供配套服务。在不违背法律、法规的前提下，政府应该积极配合公司经营的合理诉求，推动农业产业模式的创新。最后，针对整个商业模式的市场风险，在经营前三年，政府可以根据一级公司和二级公司的销售额提供 1∶0.5 的奖励政策。

六、项目创新机制与社会推广路径分析

本课题中的农业增收综合项目的创新机制关键在于技术驱动，发挥市场机制，让每一级经营主体都能够获得切实的利润。首先，为了驱动项目运转，绿创院需要开发、引进优质专利品种。其次，二级公司可以选择几个高附加值品种尝试该生产模式，一旦能够探索出成功的管理经验，将可以推广更多项目，产生巨大的规模效应。

农业增收综合项目的推广也离不开政府的支持和宣传。首先，政府需要吸引具有研发能力、销售能力的公司来参与整个项目，形成有完善产业配套的商业生态圈。各级政府围绕海南省热带农业产业化、组织化项目，积极精准招商引资，吸引全国农业企业参加经营活动。其次，政府应积极宣传农业增收综合项目的新思路、新举措。通过新模式的推介，整合现有的种植大户、中间商、当地农业企业作为一级公司；由种植大户、中间商和当地农业企业去宣传、教育、招募一级农户参与种植养殖活动。再次，政府积极引进具有较广销售渠道和较强销售能力的企业，保障一级公司的农产品销售。例如，海南省可以与阿里巴巴或京东这样的大型渠道商建立战略联盟，保障销售能力。最后，二级公司通过产研学结合的方式吸引全国的科研人员参与技术创新、育种、技术指导等工作。

第五章 热带农业产业化、组织化实施案例

本书中的农业增收综合项目的创新机制在全国各省份已得到小范围推广，并取得丰硕成果，相关案例证明了此项目的可操作性及推广的必然性。本章选择红河山地未来科技有限公司和海南雅利农业开发有限公司作为典型范例进行分析。

一、云南红河“山地未来”模式，“五位一体”的全产业链平台

（一）发展背景

红河山地未来科技有限公司成立于 2018 年，公司在世界农用林业中心、中科院昆明植物研究所山地未来研究中心及红河县人民政府的指导下，成长为以为山区乡村振兴提供全新的创新方案为使命，专注山地农业项目开发与运营、技术咨询与服务、技术研发与成果转移、品牌策划与新零售、现代职业技能培训的现代农业企业。公司依托山地未来创新中心，目前有红河县生态扶贫创新中心、热带植物种苗快繁基地、生态种植、健康养殖、食用菌繁育推模块和山地未来农产品产销对接平台。现有固定人员 20 人，兼职国内外技术顾问及技术指导人员 20 人，拥有红河鸡枞、慧谷芒果、红河谷指橙、红河谷乳油、撒哈绒、琥珀丝与连山肽等注册品牌。

围绕联合国可持续发展目标，红河山地未来科技有限公司追求实现消除贫困、绿色发展、责任消费、温室气体零排放、关爱生命与保护生物多样性五大社会目标。红河山地未来科技有限公司融合科学技术与传

统知识，发展创新科技；优化山境自然资源，开拓创新产业；尊重传统知识产权，倡导惠民生计。打造新型价值链，帮助山区农民创造就业机会。开发生态友好技术，推广社会责任生产与消费。开展生态系统管理，保护生物多样性，维护生态健康；整合智能技术，提高山地农业的气候变化适应能力；引进新技术、新资源与新零售，打造城乡一体化区块链，实现山区可持续绿色发展。在播种山地未来的种子的同时，帮助山区农民实现中国梦、世界梦。

（二）生态循环农业创新

循环农业指的是将上一产业的废弃物或副产品作为下一产业的原材料输入，山地未来认为循环农业是实现“金山银山”的重要途径。红河谷山地未来创新中心以 300 亩为核心基地打造产学研协同创新中心，以 3000 亩为试验示范基地，构建农林复合生态系统示范区。山地未来以红河立体气候垂直分布的山地生态系统为对象，通过跨学科研究、系统集成、产学研协同创新，试验示范森林—村寨—梯田—河谷“四素同构”、生态—农业—文化“三位一体”的山区生态治理模式，采用边建设、边科研、边服务的建设手法，打造集生态保育、产业发展、交通节点和文化旅游为一体的农业科研发展区与“一带一路”的国际合作平台。

1. “四素同构”战略

（1）阿姆山森林生态系统监测

山地苔藓常绿阔叶林是绿色水库，是哈尼梯田的“水塔”。开展阿姆山生物资源包括大型真菌的调查和监测，建设哀牢山森林—梯田生态系统野外科学观测研究台站，通过长期观测、资料的积累和民族植物学、民族真菌学调查研究，为山地生态系统管理和小流域治理提供理论基础，为全球变化研究提供服务，为当地生物资源的研究和开发提供科学依据和技术。

（2）哈尼梯田古村落保护

古村落承载着我国千年乡村文明和民族文化。开展民族生态学调查研究，探索“农户+合作社+公司”共建模式，试验示范具有民族、地域和生态特色的有机农业、林下经济、庭院经济、乡村旅游业、民族手工业、农副产品加工业和民族文化产业。

通过跨学科系统研究哈尼梯田生态系统服务形成和相互作用机理，系统监测梯田农业生态系统中的水分、养分和信息循环。总结民间民族传统实用生态技术，开展民族生态文化乡村传承示范，加强生态技术培训，建设科技小院，搭建科技服务平台，形成创新文化；建设互联网+，加大对农民的技术服务和市场信息服务，形成一户有产品、家家有特色的民族古村落。

（3）干热河谷农林复合系统构建

针对干热河谷区的光热和生物资源优势以及生态系统退化问题，生态治理与产业扶贫并举，本项目旨在通过本地优良种质资源筛选，引进非洲、美洲与东南亚具有开发前景的未来植物，构建农林牧复合种植园，研发土壤和植被修复关键技术，开展木本经济植物的研发，乔灌草立体种植、农林牧复合经营、生物质与废弃物循环利用、生态有机特色产品加工与民族生态旅游相结合的综合示范，形成红河谷生态综合治理技术体系，实现可持续的生态综合治理和生态富民。

（4）山地未来创新中心

随着“一带一路”倡议的实施和美丽乡村的推进，复合创新型人才成为山区生态建设和产业开发的迫切需求。山地未来创新中心将打造“零距离、零门槛、零时差、零费用”的科技服务模式，数字化监测与“互联网+”的信息化平台，“农户—科研—公司—市场”的产学研“交互服务”体系，“理想—实践—协调—创新”的复合型人才。

2. “生态—农业—文化”三位一体的山区生态治理模式

（1）生态引领

“生态”，即自然生态、文化生态和产业生态的统称。示范基地以保护和恢复生态环境为前提，进行山地生态农业科研建设，用生态绿色的形式引领区域特色发展，采用“生态—农业—文化”三位一体的山区治理模式和“森林—村寨—梯田—河谷”四素同构的立体复合种植模式、循环经济产业发展格局，为西南山区的建设提供发展软实力。

规划将自然、文化和生态通过一种“生态健康”的方式来引导。“生态—农业—文化”三位一体是山区发展的载体，理解和处理好三者的关系，将有助于推动山地农业的研究和发展（见图 5-1）。

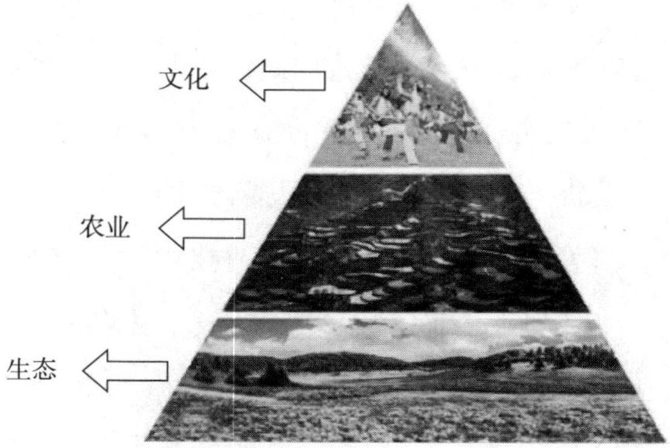

图 5-1 “生态—农业—文化”三位一体的山区治理模式

“森林—村寨—梯田—河谷”四素同构是山区生态农业的组成元素，充分理解和重视四者的特征和关系，有利于项目的实施（见图 5-2）。通过协调发展来构建立体复合种植模式，实现循环经济产业发展格局。

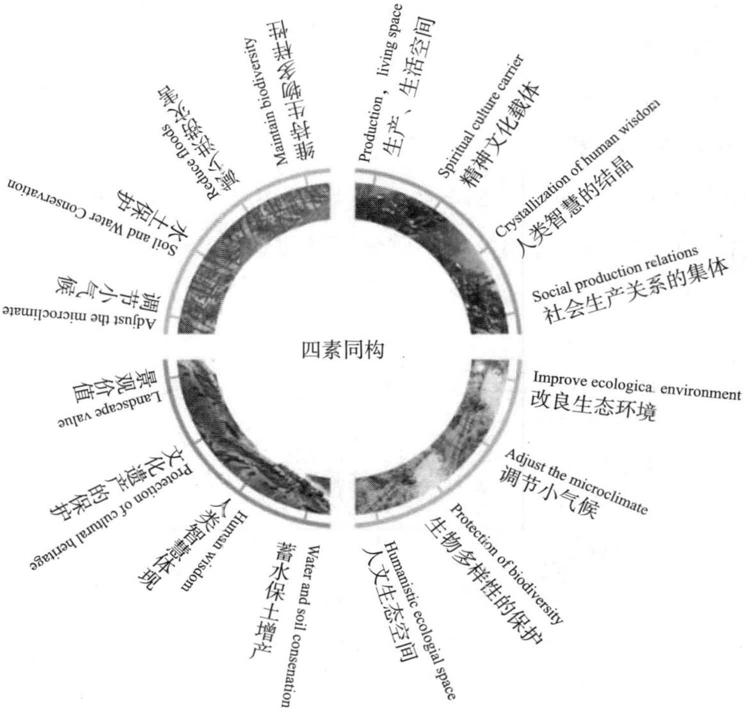

图 5-2　四素同构

（2）创新驱动

红河谷区域的气候是立体的，规划通过人工促进手段，使区域生态系统的功能不断恢复与完善，提高森林蓄积储备，改善林相，恢复生态系统原有的保持水土、调节小气候、维护生物多样性的生态功能和开发利用等经济功能，再结合梯田和水体形成“森林—建筑—梯田—河谷”四大元素健康发展的局面。

高山上茂密的森林收集了云雾甘露和降雨，由高山沟渠灌入梯田，层层下注，最后流入谷底的河坝任其蒸发。这是一个周而复始、永不衰竭的农业生态系统。

规划在整个生态系统健康发展的前提下，在立体层面上，由高到低进行：林下经济—乡村建设—农林复合—生态产业的山地未来产业建设。

3. 协调发展

治理模式建设以300亩科技创新中心为山地生态系统研究的核心，依托3380亩农林复合种植示范基地，最终为红河谷山地打造30万亩热区产业服务平台、10万亩林下经济与10万亩梯田稻作文化保护服务平台，并形成西南山地完整的生态监测网络和协调发展的服务体系（见图5-3）。

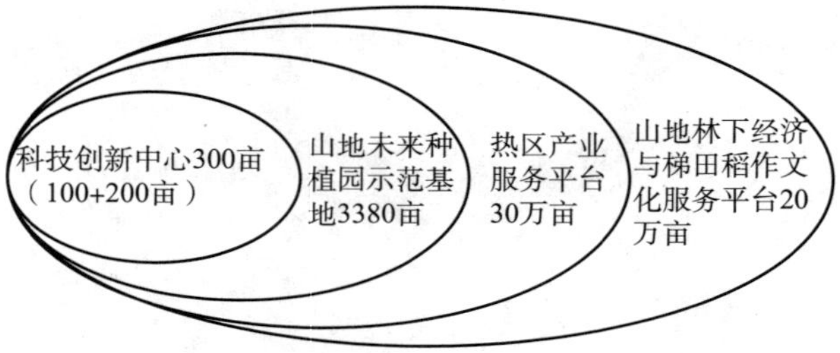

图5-3　区域建设内容分步实施图

（三）智慧生态与未来农场

基于2017年中央一号文件和国家“十三五”规划精神，山地未来按照创新、协调、绿色、开放、共享的发展理念，结合自身特质，找准产业定位，科学进行规划，挖掘产业特色、人文底蕴和生态禀赋，形成“产、城、人、文”四位一体、有机结合的重要功能平台。

智慧生态模式（见图5-4）以输出型农业为基础，采用运营模式、信息智能化、节能型自动化、自动化设备设施，以控种、统一技术、统一管理、统一销售的输出型模式，把红河谷山地未来创新中心作为一个生态系统，考虑资源与环境的承载能力，通过建设绿色园区五个建设工程，把园区建设成为中国西南山区的生态农业示范基地。同时以新型农业模式带动观光旅游，健康、休闲、绿色、生态、环保、循环和农业与自然、与人、与生活、与工作、与学习、与环境、与城市有机结合，把农业工厂化、农业工业化、农业现代化相融合实现农业科技转型。采用订单农业、品牌农业、大数据分析（Data Mining）等方式，以品种选定、技术辅导保障产品品质、打造优质品牌的农产品与农民合作社、农业公司、农户结合，以市场为导向，实现产销一体化，产品可追溯的标准化模式，带动区域农民整体致富脱贫。

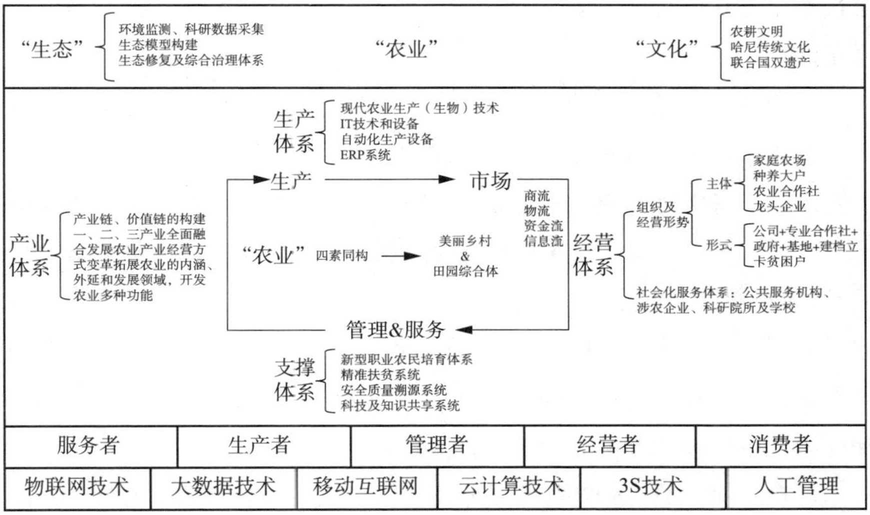

图 5-4　智慧生态模式

山地未来以红河县芒果产业链完善为契机，以市场为导向，带动农企、合作社等为辅的生产基地，带动区域农业产业整体发展。建立精准扶贫共享果园（芒果种植基地）、阿底坡特色小镇、黄牛养殖基地、有机种植示范基地等田园综合创新中心，集合各大院校、科研单位、社会企业等技术力量，吸引国内外的专门人才，形成合力，实现点对点的学农服务，积极探索推进农村经济社会全面发展的新模式、新业态、新路径，逐步建成以农民合作社为主要载体，让农民充分参与和受益，集循环农业、创意农业、农事体验于一体的田园综合体。

红河谷智慧云农场是基于"SaaS+人工智能"模式自主研发的全生态、开放性的农业操作系统、应用系统，通过第三代高度智能和一体化集成的监测终端——“红河云眼”实现对农业生产环境的实时精准监测和智能控制，助力农业科学生产、精准管理、农产品溯源、产供销对接及品牌运营。依托于红河谷原生的生态系统和适合芒果种植的物候，配合新型职业农民培训专家咨询、生物防治、种养结合、循环利用等措施，形成既有科学管理又有创新驱动的智慧云农场。智慧云农场分为三个模块，分别是智慧农业管理平台、可视化大数据系统、农产品溯源系统。

1. 智慧农业管理平台

山地未来为之打造推出智慧云农场 App，为农户提供四大便利功能：可以进行实时监测，通过红河云眼随时随地察看实时监测的田间图像、气象和土壤情况；App 具有远程控制功能，控制智能硬件设备，可手动与自动控制智能设备；还具有农事记录功能，随手记录剪枝、浇水、施肥、打药等耕作计划和进度；提供专家咨询服务，农户可在线咨询专家指导剪枝、浇水、施肥、打药等耕作农业技术，进行问题诊断，保障农业生产顺利进行。

后台方面，进行稳定的数据分析工作，数据分时间频率统计，并由相关专家分析后给出相应指导意见。保证 24 小时不间断监测田间图像与生产信息，与农户一起保证生产质量，达到双重保险的效果，一旦田间有突发情况，例如自然灾害的发生，报警阈值异常时自动报警，第一时间通知到后台与农户，共同应对风险，减少损失。

2. 云农场大数据平台

红河云眼所采集的数据，将实时传输存储至“红河云”大数据平台。田间实时图像、农产品种植过程与环境信息，可以共享至电商平台、采购方和消费者，建立从田间到餐桌的食品安全可视化追溯体系，为农业科学生产、精准管理、产供销对接和农产品品牌运营提供数据支持。

可视化大数据管理平台是智慧农业信息化建设成果和价值的集中体现，可视化让智慧农业变得可知可感。系统可展现一个完整的、详尽的整体基地信息，对接智慧农场的生产、生长环境的数据，经销商包装数据、电商平台的物流、价格、销售信息，涵盖生产、经营、产后等数据，为管理者提供精细准确的信息。实时查看所有红河云眼的数据，实现生产环境全程监控、数据采集。结合红河云眼和管理平台，对所有红河云眼数据进行大数据统计（见图 5-5）。

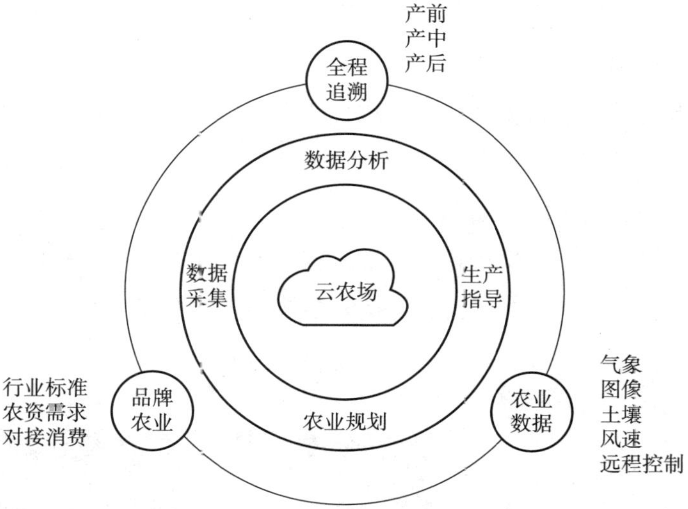

图 5-5　云农场大数据系统

3. 芒果全产业链溯源系统

在 40 公顷芒果园开展生态种植与智能监测，建立芒果全产业质量安全溯源系统，对生产、加工、运输、仓储、包装、流通、检测和卫生等各个环节的数据进行搜集，利用二维码编码技术，生成二维码，通过手机扫描完成农产品信息的追溯（见图 5-6）。2020 年芒果产量预计 400~500 吨。

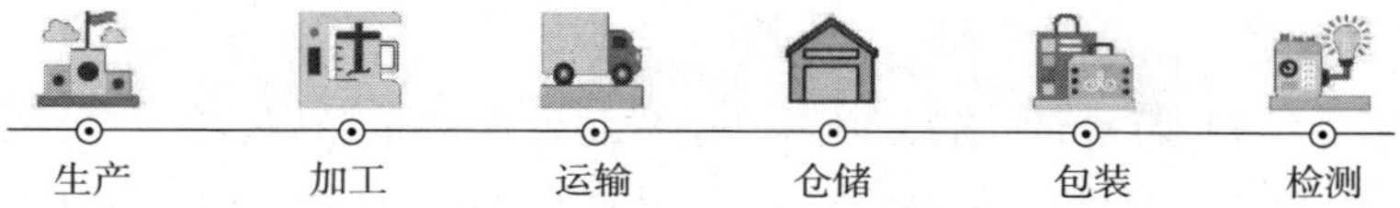

图 5-6　芒果全产业链

芒果全产业质量安全溯源系统主要依靠各个环节中的智能信息节点，使用 RFID 电子标签技术、GPS 定位技术、互联网技术、无线传感技术和数据库技术，采用智能交易器，将各个节点有机地结合在一起，通过无线传感网络、4G 网络、有线宽带网络与中央数据库相连接，对生产、加工、运输、仓储、包装、流通、检测和卫生等各个环节的数据进行搜集，利用二维码编码技术，生成二维码，通过手机扫描完成农产品信息的追溯。

溯源系统可以帮助消费者通过智能手机扫描二维码即可查看从育种到走进市场的整个过程，真正做到随时随地“轻轻一扫，知根知源，安安全全”。该溯源系统通过记录和展示农产品的产品基本信息、产品简介、种植过程记录、采摘包装运输过程、产地介绍、质量检验、荣誉证书等详细信息，来达到提升产品的价值和消费者对品牌的信任度；同时对接了电商平台，便于客户购买（见图 5-7）。

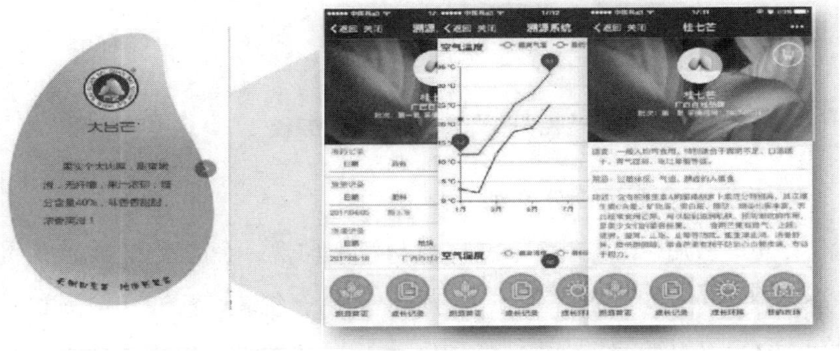

图 5-7　溯源系统微页面

（四）创新驱动带动的高效有序新产业模式

山区由于人才储备缺失以及基础设施建设严重滞后，社会发展受到严重制约，山地由于生态的脆弱性与社会文化的多样性难以重复绿色革命、工业化发展的老路。在世界农用林业中心、中科院昆明植物研究所山地未来研究中心与红河县人民政府的指导下，红河山地未来科技有限公司以为山区乡村振兴提供全新的创新方案为使命，成为专注山地农业项目开发与运营、技术咨询与服务、技术研发与成果转移、品牌策划与新零售、现代职业技能培训的现代农业企业。

1. 产业链延长实现全覆盖

山地未来以种植资源创新中心为核心驱动，汇集世界生态循环农业团队参与技术创新，形成创新生态系统的能源流、养分流、信息流、数据流、生物质、资金流。创新中心为当地山地农业提供优质苗圃、种质资源，2017 年，与红河县林业局合作成立了红河谷第一个现代苗圃基地，2019 年，在上海援滇资金资助下建成了 1000 平方米现代温室，从而使山地未来拥有世界一流的现代育苗技术与苗圃，不仅为合作社及合作伙伴供应苗木，也进行商业销售。在红河县有两个农场，包括一个紧邻联合国世界遗产地撒玛坝哈尼梯田的南洞村的芒果园和山地未来种植基地。所以在种植方面，山地未来拥有一个 600 亩（40 公顷）的现代种植园，运营其自有的农场保证了芒果、澳大利亚指橙和牛油果的供应。同时为了保证品种多样性，与山地未来合作的种养殖合作社遍及红河干热河谷、普洱市孟连县等的贫困山区与民族地区，在其自有产品的基础上，另外采购水果、红米等特色农产品，并寻求全年供应。在产业链中下游，在昆明市、红河县、孟连县有三个包装仓库。无论是来自自家农场还是种养殖专业合作的农产品，山地未来都将对其进行接收、分级、包装和冷藏等操作，保证质量。同时，山地未来的创新技术使其得以将芒果、牛油果熟果在第一时间推入市场。山地未来在物流运输方面也足够上心，通过与几家物流伙伴的合作，确保产品最快、最经济、高效率进入市场，能保证产品从包装厂到最终目的地的路线简单、健全，包括汽运、空运与铁路到目的地的装运。在销售方面，山地未来将在昆明、上海、广州等地设立销售办事处并且持续关注长三角、京津冀，以及港珠澳沿海发达地区的销售。

2. 分工协作能力的提高

山地未来的创新驱动的全产业链模式，有效地促进分工协作能力的提高，在农户与合作社方面，创新中心提供创新支撑，带动种植、农资等二级公司，为农户在种质选择、质量检测、生产设备方面提供服务。农户接受专业的培训指导，根据生产标准从事生产活动，高质量的农产品帮农户增加收入的同时，山地未来也会以合理价格收购农产品，再通过物流出售到全国各地，使农户有稳定的销售渠道。合作社则发挥了监督的作用，保障农户按照合理价格从创新中心获取种质资源、设备、技术等；监督农户执行生产标准；监督山地未来企业合理收购农产品。农户、合作社、龙头企业、创新中心之间相互扶助、相互配合、分工协作，各自专注于优势的环节，实现了资源配置优化、要素融合、利益联结。山地未来的全产业链模式增加了分工协作收益，提高了每个环节的效率和整个产业链的竞争力。

3. 交易成本降低

山地未来在红河县人民政府的指导下，与世界农用林业中心、中科院昆明植物研究所山地未来研究中心等多家权威机构合作，将自主研发或者引进的新技术、新品种申请专利，通过合作实现成果共享，将新品种、新技术以销售或专利授权的方式给龙头企业与农户，公司再按照合理的价格销售肥料或饲料、提供技术指导和农业服务。有各项技术服务支撑以及政府的扶植，农户抵抗自然灾害的能力大大提高，农户生产出高品质的农产品的同时，也保证了稳定的市场关系和自身的收益。创新中心作为驱动核心，从销售种子和农资、生产、质量检测、产品认证、分拣包装到销售各个环节有效运营，与各环节的龙头企业通力合作，形成了内部化优势，避免了外部市场的不确定性，将公开市场交易变成了内部交易，交易成本也由市场交易成本转移成内部交易成本。避免风险的同时，各方不用在了解信息、进行谈判、执行生产上花费成本，节省了时间，显著提高了生产效率。

4. 生产规模扩大，服务能力提高

山地未来的种质资源创新中心、山地未来研究中心等机构，保障整个运营模式的持续技术更新，根据不同作物品种和技术流程成立多个研发组，包括品种改良、作物营养、灌溉技术、农业生产智能化、病害处理、品质检验等。农户与原来相比，以较低成本获得了生产原料和先进的生产设备，并接受配套的指导与培训，这些帮助农户提高了生产效率，其接受新品种，购买新技术、新设备的意愿逐渐提高。优质的品种和专业的指导保证了产品的质量，同时也解决了农户销售问题，稳定了农户的收入，扩大了农户生产规模。同时，不仅在生产环节，在产业中下游阶段，如分拣包装、产品认证环节，研发中心也给予了相应指导。所以，全产业链模式中各个环节的龙头企业的加入，扩大了各个环节的规模，解决了原有模式难以解决的一些问题，还提供了全方位的优质服务。山地未来全产业链模式扩大了原有的服务范围，提高了服务能力，在提升各环节生产效率的同时，也容易实现规模经济。

5. 优化产业布局，保证质量监督

山地未来为解决农业无序化经营、农产品价格不稳定、种植公司经营风险高等问题，由种质资源创新中心研究适宜当地气候的种质资源，如芒果、牛油果等，优化产业的区域布局，控制合理的种植规模。创新中心为农户制订生产计划，调控全县农业种植区域、种植规模，进而间接控制市场总产出，保障农业生产实现有序化经营。创新中心对自主培育和国内外引进的优良品种，根据创新中心的战略规划，指导种植户按照规划中的种植区域、种植规模进行种植，以此保障农业产业能够科学布局。同时，山地未来落实质量监督和品牌认证体系，从育苗、种植到包装等全方位建立标准，用标准控制种植公司的生产行为，保障产品品质。研发公司推动加入合作的龙头企业和当地合作社去监督和指导种植公司的生产过程。一方面，创新中心成立专门的技术服务工作站，工作站定期巡查山地未来的生产基地，提前预防病虫害，保证种植生产基地稳定生产；同时监督农户的生产行为。另一方面，为种植公司提供技术服务时，创新中心与龙头企业、农户之间按照市场原则，自主商议收费情况。如此精细的产业布局及严格的产品监督体系，保障了农业生产有序，价格稳定，效率提高，实现可持续发展。山地未来的全产业模式，可以有效地带动红河地区经济的发展，在保障农户的收益的同时，易形成规模效益。其业务领域包含三大产业，实现有效联动、种养殖循环的生态健康产业，加之民族文化体验，打造全方位、系统的生态园区。

该产业模式实施山地未来知识和创新技能，建立山地未来创新平台与体系，创新驱动保证了山地农业发展的可持续性。在核心部分，拥有来自世界各地顶尖人才和世界一流的循环农业技术与孵化平台，建立了一套健全的系统基础，在保证自己业务增长的同时，指导、服务于当地合作的种养殖伙伴和合作社，一定程度上也保证了农户的收入，这样的双赢合作保障了山地未来全产业链模式的稳定性。加之红河山地的特殊气候及特殊地形，森林、河谷、梯田以及文化多样的古老村落，使当地的农产品多样且具有特色，例如智慧芒果、食用菌、有机遮荫咖啡等产品，创新中心的参与，使得多样特色的农产品长期稳定供应，通过建立以客户为中心的新零售体系，产品的市场竞争力大大提高。

总的来说，山地未来既是对未来发展的信念——通过人文关怀、共商共构山地未来发展愿景；又是科技创新平台，融合当地生物资源与社会认知的科学创新体系；山地未来必须走生态重构、乡村文明、产业振兴与市场保障的绿色发展之路。山地未来的产业规划设计很好地实现了人与自然、人与科技、人与人的完美结合，为消除贫困、绿色发展、关爱物种多样性作出了很大贡献。山地未来为山地农业提供了一种繁荣并可持续的发展模式，为山地创造了更好的未来，也为山区乡村振兴提供了一种全新的创新方案。

二、海南万宁“槟榔之乡”，雅利助力乡村振兴

（一）发展背景

海南雅利农业开发有限公司于2012年8月正式成立，是万宁本土首家槟榔深加工基地。该公司厂区建筑面积约3万平方米，一期、二期工程占地近150亩，目前均已完工。深加工首期就业人数达650人，其中面向万宁市10个乡镇签约贫困户67户281人。目前，该公司已经建立起槟榔检测中心和研发中心，先后研发出了绿黄金、梦之榔等为代表的数十种香型槟榔。在市委、市政府的扶持下，该公司已全部采用环保加工设备，120条流水线已安装使用智能化热泵烘干炉200个，实现槟榔加工排放、零污染自动作业，有效地改进了传统的烘烤槟榔模式，为实现万宁市槟榔产业加工转型升级起到了带头作用。

海南雅利农业开发有限公司的正式开业，有效地延伸了万宁市槟榔产业链条，优化了槟榔产业结构，极大地提升了槟榔产业发展水平。该厂全部建成投入运行后，可带动解决近2000人就业，促进周边农村富余劳动力转产就业，并提升万宁市经济发展质量。

（二）雅利农业，首个本土化槟榔加工企业

海南雅利农业开发有限公司是集产品研发、生产、检测和销售于一体的农业开发和槟榔加工企业，总体规划指导思想是建成一个“一切以生产需要为中心”的花园式、现代化、智能化生产基地。

公司产品以青果类为主，现研发出青果系列产品有：绿黄金、梦之榔；口味有咖啡香型、椰香型、橘香型、草本香型等；后续将开发高端礼品装系列：贵槟、阿龙等；公司在引进湖南百年工艺技术的基础上，不断融入现代生产工艺和科学管理，拟打造成海南行业青果产品制作专

家。同时，不断加大新口味、新产品的开发力度，不断满足市场不同层次的需求，提高市场的满意度和占有率。雅利公司槟榔加工项目先后被万宁市政府、海南省政府列为市重点项目、省重点项目，2014 年被省政府认定为海南省农业产业化龙头企业，公司的发展得到了政府的大力支持和肯定。本着“立足万宁，发展海南，面向全国”的营销策略，公司的营销网络不断延伸，现已全面开拓 10 多个省市。

1. 打造本土槟榔品牌，实现产业无污染

公司目前主要采用国际领先的高温热泵技术，结合泉能公司潜心研发的青果烘干技术和全智能化自动控制系统，对槟榔进行初级加工，实现零污染、零排放。技术全国领先，加工的槟榔完全符合国家食品卫生安全标准，将加工对环境的污染降至最低。2020 年，200 台自动空气能槟榔烘干机将同时启动生产，以保证足够的市场需求。公司的槟榔深加工项目正在建设，计划于明年建成投产，以提高各种产品市场占有率、提高公司整体的市场竞争力为目标，力争将公司打造成为知名槟榔食品生产企业。把得天独厚的自然资源转化为独特的产品优势，运用一流的科学技术和工艺生产，精益求精，从源头上保证食品的质量安全。为消费者提供高品质产品和优质服务，竭尽全力满足大众需求和顾客期望，努力打造知名槟榔品牌。

2. 质量安全二维码追溯系统

基于二维码技术的万宁槟榔质量安全追溯系统以现代化的信息网络为纽带，以二维码为信息载体，把槟榔从鲜果生产企业到消费者之间的各环节的相关数据信息汇总成数据库，形成完整的槟榔产业链可追溯链条，保障了槟榔的安全性。

目前，万宁槟榔市场品牌和消费认知度高，开展基于二维码技术的槟榔质量安全追溯系统建设，对于保障槟榔质量安全和广大人民群众身体健康，提升槟榔市场竞争力和增加农民收入，促进万宁现代农业持续健康发展，意义重大，任务迫切。万宁槟榔龙头企业积极参与质量安全追溯系统建设，均认同这是促进万宁槟榔质量水平和提升市场竞争力的必要措施。万宁槟榔质量安全追溯系统总体结构见图 5-8。

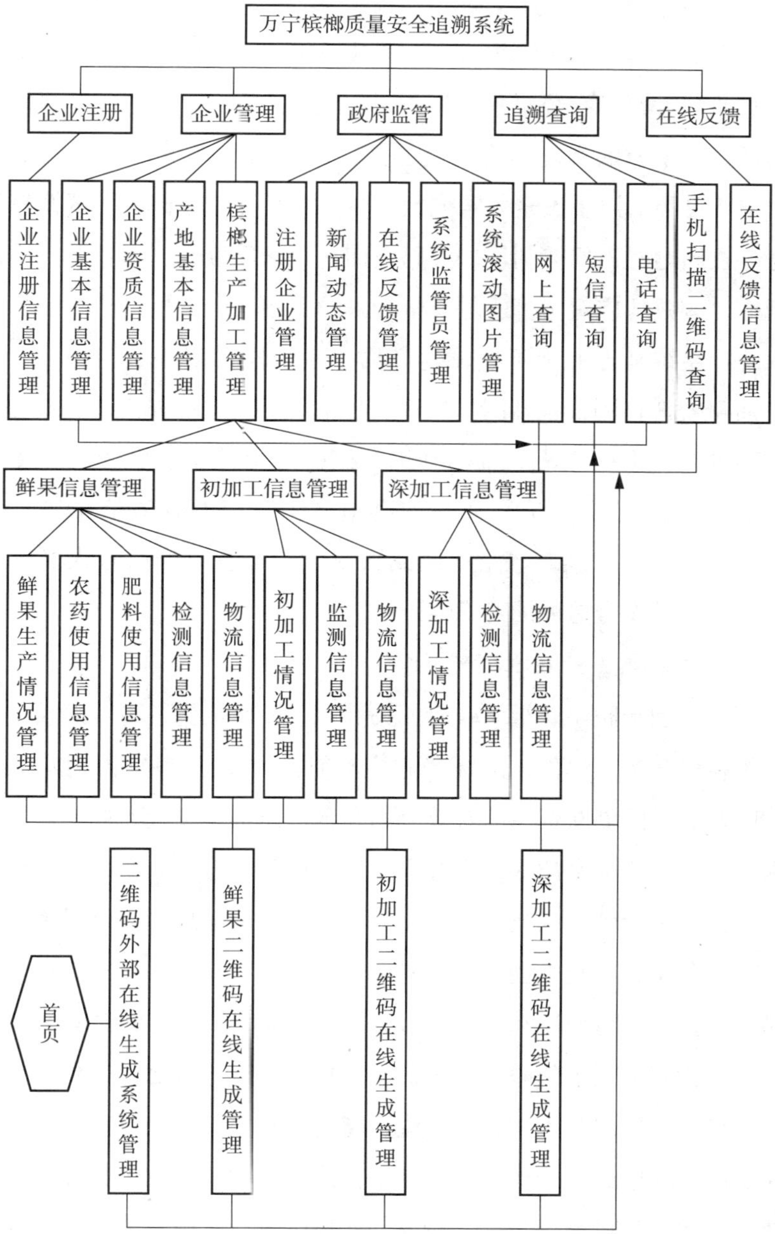

图 5-8　万宁槟榔质量安全追溯系统总体结构

通过追溯系统可实现槟榔监管部门、槟榔鲜果生产企业、槟榔初加工企业、槟榔深加工企业、第三方检测部门和消费者等，开展对槟榔产前、产中、产后全程跟踪与追溯，有效地规范了槟榔的生产加工过程。

与此同时，该系统可提高对槟榔质量安全突发事件的应急处理能力。通过该系统的实施，将使监管部门能够及时掌握槟榔质量安全情况，使不可控的质量安全因素成为可控因素。当监管部门发现槟榔质量安全存在问题时，能够利用二维码查询、快速反应、追本溯源，确定问题所在，有效地应对槟榔质量安全带来的问题。

统一系统平台实现了槟榔生产加工多阶段（鲜果、初加工、深加工）质量安全追溯，包括网上查询、短信追溯、电话查询、扫描枪扫描二维码查询、手机扫描二维码查询。槟榔产地信息、生产加工多阶段（鲜果、初加工、深加工）质量安全追溯信息以及物流信息等一旦生成，并在线生成二维码，企业便无法更改，唯有政府监管人员才能变更，确保质量安全追溯的可靠性。

3. 海南槟榔产业技术创新联盟

第一，创新联盟要组织政府相关部门、科研机构、高等院校、重点企业等科研和生产单位，围绕产业技术创新的关键问题开展技术合作，通过联盟成员间创新资源的有效分配和合理衔接，突破产业发展的核心技术，集成产业配套技术，提升产业自主创新能力。第二，构建联盟公共技术创新平台和产业技术信息交流平台，促进信息、仪器设备、生产线等资源共享，为技术创新活动提供公共服务和支撑。建立知识产权及成果的保护、许可使用和转化收益分配的机制，实现知识产权共享。第三，建立创新型人才的联合培养机制，加强联盟成员之间人员的交流互动。积极开展国内外人才合作交流，聘请高水平的海外专家和优秀科技人才团队与联盟开展合作研究、学术交流、技术培训或工作任职。建立长效的人才交流机制，为产业持续创新提供人才支撑。第四，建立联盟良性发展的运行机制，协调成员分工及产品配套形成产业链；围绕开发共同目标市场、降低创新成本等，探索实行联盟成员间融资拆借、互相担保、采购让利、基础设施和基础平台共享以及对外集约化采购的多种运转模式，实现联盟市场利益最大化。第五，联盟各成员通过合资、合作、联合研发、交互许可、供应商契约等方式结成利益共同体，参与国内外市场的开拓与竞争，取得竞争优势；各成员单位共同打击侵害联盟专利权、商标权等行为，维护联盟合法权益。第六，开展联盟技术创新成果、研发投入和创新产品的统计分析，为制定联盟发展规划和开展市场预警预测提供决策依据。加强科技成果转化，通过成果的推广应用，提升产业整体竞争力，促进产业又好又快发展。

4. 共建以创新为驱动的槟榔产业化联合体

联合体的建设有助于提高槟榔种植农户组织化程度，提高种植单产水平，特别是通过契约，提前直接与深加工企业锁定鲜果交易标准、最低保护价格，减少由于市场过度依赖嚼块产品而导致的市场波动，稳定产业发展，打造国家扶贫保障工程，这也是目前促进农民增收最快、最有效的手段之一。

延伸产业链，深化分工，提高效率。农业产业组织联合体将龙头企业、合作社和农户有效联结，纳入规模经济与分工经济的发展轨迹。相对于“公司+农户”“公司+合作社+农户”等传统纵向一体化经营组织形式，联合体之间的组织形态更加紧密，使得核心生产要素可以实现更为充分的流动，企业、相关科研院校、农资企业等主体所掌握的先进技术与核心专长可以在更大范围内进行生产应用，内部经济主体共享核心技术，降低平均成本，龙头企业的服务功能增强，各主体的紧密合作扩大了生产规模，易形成规模经济。与此同时，产业链中不同经营功能的龙头企业或主体通过产业联合体实现缔约联合，联合体内部产业链条得到延伸，产业分工细化。专业分工理论认为，劳动分工是财富增长的源泉，专业分工可以极大地提高劳动生产率，带来资本增长和产量提升。产业联合体的各个主体之间就保持紧密的合作联系，产业间的分工转变为产业内的协作，这就进一步深化了槟榔产业的分工，提高了生产效率，进一步改善了分工经济。更进一步地，联合体内部产业融合呈现出多链交叉融合的组织特点。在传统纵向一体化产业融合模式中，往往由一家农业企业牵头或专业合作社组织，以寻求稳定的产品供应源或销售路径。因而往往是由一端引发，沿单独产业链或供应链条进行上下游单主体延伸的一体化，联结方式以简单产品对接为主。而槟榔联合体不仅具有一般纵向一体化属性，其特点是通过契约，提前直接与多家深加工企业锁定鲜果交易标准、最低保护价格，减少由于市场过度依赖嚼块产品而导致的市场波动，稳定产业发展，使一定经济范围内产业链不同层级的经营主体实现多元交叉缔结，在纵向一体化过程中形成多条产业链或供应链交叉融合的经营联盟组织形态。如图 5-9 所示，区别于传统一体化模式中企业、合作社与农户单链对接的组织形态，在联合体建构中，龙头企业作为供应链的终端和带动生产的引擎，带动多家不同功能的合作社与众多具有一定生产规模的种养农户构建成紧密的规模经营组织联盟。龙头企业可从多家家庭农场或合作社获得稳定供货来源，槟榔农户也与多家合作社建立了稳定的服务交易契约关系，联合体内形成以龙头企业为中心的多纵交叉联结的网状结构。实现了由传统纵向一体化“一一对接”形式向“多体交融”纵向产业融合模式的转变，进而扩大了规模经济、强化了范围经济，发挥了更充分的比较优势，形成纵向产业融合的高级形态。

技术创新引领，实现增收增效。万宁紧紧围绕海南省委、省政府产业发展布局，坚持把槟榔产业作为发展县域经济的农业主导产业来抓，先后制定实施槟榔提高单产、槟榔病虫害防治、金融政策扶持、槟榔价格保险、槟榔贮存冷库补贴、推广槟榔烘干绿色环保设备及加快槟榔产业园区建设等一系列相关的政策措施，全力帮助农民解决在槟榔生产发展中迫切需要解决但他们自身又难以解决的各种问题，使千家万户分散生产的农户，有效实现与市场对接、与技术对接、与农资对接、与金融

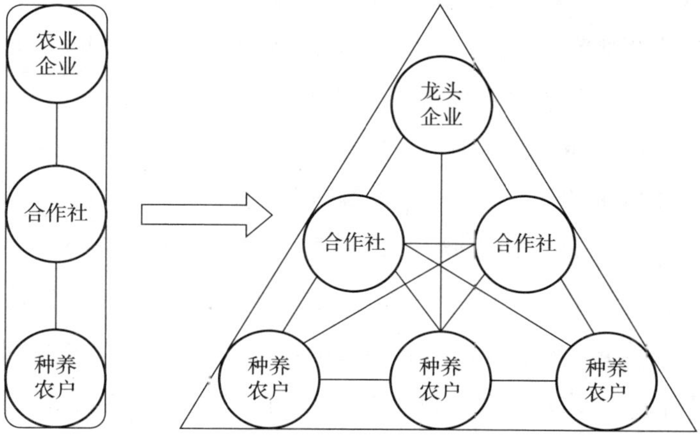

图 5-9　纵向产业融合的演变

对接，切实提高了槟榔生产的标准化、组织化、产业化程度，成功走出了一条符合万宁实际的槟榔发展新路子，槟榔产业取得更绿色、更稳健的发展。

农业产业化联合体打破了原有利益主体相互分隔、相互独立的关系，实现了各个经济主体之间的紧密联结。依托创新联盟、龙头企业以及高校科研的成果，农户可以通过合理的价格拿到优质的槟榔种质资源以及先进的农资设备，提高抵御自然灾害、黄化病等突发状况的能力，种植合作社可以帮助农户制订生产计划，控制生产规模，保证生产秩序，从而保证农产品的品质。一方面，农户农场按照合同要求进行标准化生产，向企业提供符合合同标准的安全优质农产品，专业合作社和农资企业按要求统一向家庭农场提供作业、信息、技术等专业化服务，在此过程中实现农产品标准化生产与农业的集约化经营，进而降低了农业生产成本，并提升了农产品供给质量。另一方面，创新联盟、龙头企业等科研机构以优惠价格或以契约方式，向种养农户提供种苗及农业生产资料，龙头企业以事先规定的标准价格收购农产品，形成稳定供应体系，农户在供给标准化生产的优质初级农产品时所获的收购价格也得以提高。农户及农场既节省了因寻找交易对象而花费的交易成本，同时也能够获得更高的收购价格，进而达到促进稳定增收的效果。联合体将产业链上游生产环节和中下游加工、销售环节建立紧密的利益联结机制，把与农业生产、加工、销售相关联的产业联结为完整的产业链条，多层次加工，规模化经营，生产效率也得到大大提高。

实现共同富裕。在面向生产的一端，槟榔生产者以低成本获得优质种质资源，以标准价格出售初级生产品，收益相比原有模式增加且稳定；面向市场的一端，龙头企业也依托产品质量与生产成本优势在市场中充分获利。因此，联合体以市场为导向，在内部形成了稳定的收益链。只要龙头企业在市场中获利，利润就会沿收益链不断流向联合体其他成员，从而实现内部互利共赢。同时，联合体运营的过程，也是企业、合作社、种养农户等合力打造产品品牌的过程：一方面，联合体依托龙头企业塑造优势品牌；另一方面，联合体实施产品源头控制，基于标准化生产与专业化作业保证品牌质量。在此过程中联合体成员共同打造品牌经济，形成紧密的利益联结与收益共享。因此，联合体通过稳定契约安排与紧密利益链接，促使缔结各方经营主体形成了风险共担、利益共享的紧密型利益共同体，形成了集体激励机制，促使联合体在共同利益激励下努力提升整体效益并稳定有序运行。

（三）展望未来，打造互联网+槟榔产业新模式

槟榔产业是海南农业的优势产业，应该坚持创新、强化基础、绿色发展、智能转型，而不仅是单单的生产设备的升级。从机理上讲，槟榔产业链没有达到由深加工企业到槟榔鲜果农户，形成互为支撑和依托的形态，市场没有良好的交易秩序，就不足以构成产业升级转型。传统的槟榔产业是种植—采摘—青果原材料批发—初加工成品—深加工成品—消费者市场的模式，海南生产端与市场需求端相对分离的状态，属于封闭的链式生产，生产与消费之间隔着批发、分销、配送等环节，信息传

递缓慢而零散，收获季节常常出现阶段性的产能过剩亏损的现象。以信息化带动工业化，以工业化促进信息化，走新型工业化道路，信息不通畅、不对称将会导致产品价格不稳定，加之政府如果对市场没有合理的监管，把控不到位，容易造成产能过剩，农户利益受损，市场秩序混乱。

政府应该牵头把“槟榔产业链+互联网”连接起来，基础强化之后不能停下，应该智能化地跟上时代的发展趋势。实现每一环节的信息靠网络连接，规模定制化而非规模批量化，把生产的柔性加进来，形成社会化的供应链，使每个环节分工明确，省略不必要的环节，减少产销信息的不对称，增加生产端与市场原材料端的紧密连接，并催生出一套新的商业模式：“互联网+槟榔产业”，让槟榔扮演“互联网+农业”接口及信息采集与传输的角色。借助物联网、云计算、大数据、移动互联网技术与槟榔产业的深度融合，使产业健康发展，让产能在线化。

近年来，万宁通过实施系列扶持政策和进行产业化引导，推动槟榔产业发展，加快槟榔产业转型升级。在龙头企业、科研结构共同努力下，开展槟榔加工行业废气、废水治理的科技攻关，加大对节能环保型设备研发推广的支持力度，面向国内外公开征集槟榔加工行业污染防治应用技术与科技创新成果，在定安、万宁、琼海等主产区实行节能环保型槟榔烘烤技术与设备示范基地的推广应用，引导槟榔加工业规模化聚集化发展。特别是槟榔产业联合体的建立，促进了产业聚集，实现了槟榔有序高效生产，并在传统食品的基础上，开发其潜在价值，发展槟榔文化旅游，促进一、二、三产业融合，成效初显。政府大力支持槟榔企业的发展，政策上的优惠有效减轻了企业的负担，许多本地槟榔加工企业得到发展，从而带动了当地就业，帮助当地人摆脱贫苦。槟榔产业的发展，着实为万宁带来了巨大收益，2018 年，万宁市农民人均纯收入达到 4281 元，槟榔产业纯收入 18. 18 亿元，对农民增收贡献达到 29%，占全市农民人均纯收入近 1/3，贫困发生率降到 0. 86%。万宁市槟榔和热作产业局相关负责人表示，将继续通过增加槟榔初加工流动资金，缓解融资难问题，拉动槟榔鲜果价格稳步上浮。按照政府引导、市场运作的原则，采取更加灵活有效的手段，推动落实槟榔价格保险，保护农户利益，促进槟榔产业又好又快发展。

第六章

农业增收综合项目实施的作物品种选择

为测验本书中的农业增收综合项目的创新机制的可行性，本章从规模、品质、产量、市场占有率、市场认同度等方面出发，选择火龙果、豇豆、甜瓜和芒果四类热带作物进行测算，并对选定作物的技术瓶颈及解决方案，选定作物的技术转化、推广及培训模式进行分析。

一、品种选择的依据

本书从规模、品质、产量、市场占有率、市场认同度、对农民增收的影响、技术成熟度等方面综合考虑，确定了火龙果、豇豆、甜瓜和芒果四类产品作为本书在预研究阶段的四类作物品种。

（一）火龙果

2020 年的数据显示，全国火龙果种植面积约 100 万亩，但仍无法满足国内需求，每年仍需从越南进口新鲜火龙果约 400 万吨。种植面积缺口约 200 万亩。火龙果种植主要分布在广西、广东、海南、云南等地。其中广西约 20 万亩，广东约 20 万亩，海南约 17 万亩，云南约 10 万亩。品种以大红系列为主。海南火龙果种植 2017—2020 年扩种速度加快，总面积约 17 万亩，主要分布在儋州、东方、乐东、三亚、陵水、琼海等地市。气候造就了海南反季节火龙果得天独厚的地域优势，经这几年研究发现，海南反季节火龙果光照技术和品质提升技术得到突破，价格具有显著优势，反季节火龙果市场占有率高、品质好，得到超市和消费者的认可。与常规瓜果蔬菜相比，火龙果产业已经成为农业持续增收的重要产业，也成为海南热带农业未来重点发力方向之一。

（二）豇豆

海南冬春季节豇豆生产的反季节优势显著，最佳上市期在每年的1—4月，期间为少雨季节，阳光充足，对于农作物提高结实率很有利，这时期其他南菜北运基地豇豆生产因受到冬寒或春寒影响，少有产品参与竞争，是海南省冬季瓜菜产业最大的优势。根据2019年的调研数据，全省种植30万亩，主要分布在乐东、三亚、东方一带。从生产条件来看，北方日光温室和广东、广西、云南等地区冬春受寒潮影响，豇豆类、瓜类等种植难度较大，上市普遍较迟，而海南省的豆类价格优势明显，豇豆的价格普遍在2.5~7.0元/斤。在当前技术及环境条件下，在海南适当保持或增加豆类的种植面积，调减椒类种植面积，更有利于提高海南反季节瓜菜的效益，在东方、乐东、三亚一带，种植豇豆已经成为农民增收和脱贫的重要手段。

（三）甜瓜

2015—2018年，海南反季节甜瓜的种植面积从9万亩增加到约20万亩，主要分布在乐东、三亚、陵水、东方和昌江一带，从九所到新龙，约占整个甜瓜种植产业面积的75%。其中小农户种植面积占70%（种植面积10~50亩占的量最多），50~500亩占20%，500亩以上占10%。在海南冬季，甜瓜生产以设施栽培为主，可以种植2茬，第1茬集中在12月至次年1月上市，第2茬集中在3—4月上市。由于这个区域有非常明显的气候优势，全国范围内基本只有这个区域可以种植获得反季节高品质的哈密瓜，价格在2.5~5.0元/斤，效益很高。

（四）芒果

芒果是著名的热带水果，享有“热带水果之王”的美称。海南芒果以早熟芒果在市场中占有优势地位，其产量全国排名第一，面积全国排名第二，上市时间 12 月至次年 5 月。

芒果成熟的果实色泽金黄，香味浓郁，酸甜可口，风味独特，营养丰富。果内含糖量 11%～19%、蛋白质 0.6%～1.5%，特别是维生素 A 和人体中必需的微量元素（如硒、钙、钾、磷等）含量很高，每百克芒果肉含维生素 A2281～6304 国际单位，含有机硒 5～10 微克。硒在人体中具有多种营养价值，主要起保护心脏的作用，可防止冠心病、癌症、克癌病，具有滋润皮肤、助长发育、调节人体内分泌、延年益寿等功效。芒果既可鲜食，又可加工成罐头、果汁、果酱、果冻等系列产品，是人们的美味佳品。另据报道，芒果花和叶可作为药用，叶还能作原料，种仁含蛋白质 5.56%，脂肪 16.1%。芒果因具有独特的食用、药用价值而深受广大消费者的喜爱。

二、选定作物的生产现状、技术成熟度、组织模式

（一）火龙果

1. 生产现状及技术成熟度

目前，种植火龙果品种有金都 1 号、金都 2 号、大红 1 号、大红 2 号、四季红、蜜宝、红宝龙。其中金都 1 号占总品种的 42%，占比最大；其次是大红 2 号，占总品种的 16%。目前，生产技术上比较大的变革体现在以下方面：一是高密度种植，传统的种植密度为 500～800 株/亩，高密度种植密度为 1200～2000 株/亩，采用三脚架支撑；二是生草覆盖，由于火龙果属于浅根系作物，80%的根系都分布在 0～20 厘米范围内，传统的地布覆盖被生草覆盖或残体覆盖代替，生草覆盖以禾本科本土草种效果较好，残体覆盖最常用的是经过处理的桉树皮、玉米秆等，残体覆盖和生草覆盖可以有效地调节土壤的温度和湿度，使火龙果

健康生长，从而支撑地上部分的重量；三是生产上以有机肥为主，固体有机肥覆盖用量3~5吨/亩，追肥采用水溶性好的有机—无机肥进行水肥一体化施用，无机化肥的用量低于30%，优质果园病虫害采用生物防治或生物农药；四是反季节灯照技术取得突破，火龙果属于长日照植物，需要长时间的光照并在一定的温度下才能正常开花结果。海南福霖农业开发有限公司400亩反季节火龙果基地，是海南火龙果协会普遍认可的、种植技术较成熟的火龙果基地之一，其通过研究试验，获得了一套较优的补光技术（时长、光照强度、光的颜色等），从而实现四季采收，正季节（6—11月）可采摘5~6批果，反季节（12月至次年5月）可采摘5批果，正常亩产量在4000~5000千克，每株有4~5个分枝，每株年均产量在2.0~2.5千克。目前火龙果生产技术基本成熟，有望形成标准化生产技术。

在调查的15个火龙果种植户中，种植技术的来源主要是通过自己研究，占总种植方法的59%，其次是向种植能手和大公司学习，占总种植方法的17%。

2. 组织模式

目前，海南火龙果产业组织了海南省火龙果产业协会，东方也组织了火龙果产业协会，协会成员60%是火龙果种植户、一些规模较大的企业建立的火龙果分拣中心和果品加工厂，另外40%有农资企业、灌溉企业、金融企业和流通企业，种植规模最大的是东方北纬18度果业有限公司，有近2万亩；1000~10000亩的种植企业有8家；100~1000亩的种植企业较多。北纬18度果业有限公司有从农资选购、种植、销售、到分拣与冷库的产业链条，各大小种植户有共享流通和分拣中心。火龙果主要以收购商、自行销售和电商三种销售方式为主要销售方式，占总销售方式的66%。目前，技术成熟度高的企业及大型企业正在通过资源的整合，降低生产成本，共享技术和资源，构建具有种植生产、技术服务、品控管理、产后处理、营销渠道、品牌营销、售后服务等完整管理系统的产业闭环，以此带动农民合作社和家庭农场及个体种植户完成海南火龙果种植的结构调整和技术升级，从而将海南火龙果产业打造成热带特色高效农业的王牌产业之一，保持火龙果产业和行情的稳定和优势。

（二）豇豆

1. 生产现状与技术成熟度

豇豆优势产区主要分布在乐东县、东方市、三亚市、陵水县、万宁市，占全省豇豆面积的70%左右，优质商品率较高。豇豆生产主要具有分散型和季节性的特点。豇豆生产周期短，不耐储存，集中在12月到次年4月种植，并供应港澳地区和国内大中城市市场。在此期间，内地豇豆种植者难以在冬季种植并投放市场，因而海南省豇豆具有极强的竞争力。在4月以后，内陆各省豇豆大量上市，因其种植面积大，成本较低，海南豇豆不再具有竞争优势。因此，海南省豇豆种植常常由农户在自家田地以季节性栽种方式进行，生产总体规模大，但非常分散。在我们实地调查期间，因为已经是3月底，未见大面积豇豆田地，也未调查到由农业公司投资的集约化生产。

海南豇豆栽培历史悠久、生产水平相对较高，主要种植区有大棚和露地两种种植方式。栽培品种以市场购买品种为主，主流品种是“台选8号”，少数产区存在自留种的现象，种植较好的采用高垄双行、银灰膜种植，并采用软管灌溉，育苗移栽，搭架引蔓豇豆抽枝，一般用人字形架，整枝合理。中后期以追施化肥为主，豇豆单产在1500千克/亩，一级品率相对较高。

栽培方式以垄栽为主，双行垄栽占主导地位，采用宽窄行种植，主要有两种：①宽行80厘米，窄行60厘米；②宽行60厘米，窄行40厘米，株距为10~20厘米不等，有单株，也有2~3株种植。其次为单行垄栽，行距为50厘米，株距为10~20厘米，以单株栽培为主。覆膜情况以不使用地膜、沟灌的栽培方式为主，少数覆盖黑色地膜，还有覆盖银灰膜的，也有少数采用管灌方式灌水。

2. 组织模式

调查中豇豆种植户的种植面积为 0.0852~0.1676 公顷，以家庭为生产单位较多，也没有合作社种植。在我们实地调查期间，因为已经是 3 月底，未见大面积豇豆田地，也未调查到由农业公司投资的集约化生产。

种植户主要的技术来源于农资企业的培训和地方政府组织的培训。豇豆的市场销售方面，收购方式一般都是由代办在村或者乡镇设代购点，统一收购后再到海口、三亚等大城市进行中转。根据豇豆的长、直、色泽等分为三级，最高级为一级市场售价，一般是 3~3.5 元/斤，有的年份可以到 6~7 元/斤，二级市场售价 2~3 元/斤，三级市场售价 1 元以下/斤。另外，市场销售还受上市时间、上市量等因素的影响，如上市量少时则售价相对较高，上市量大时则售价相对较低。豇豆分级标准见表 6-1。

表 6-1　豇豆分级标准

品级	外观描述	长度	价格
一级	颜色青绿，头尾颜色一致，豇豆较垂直	60~80 厘米（注：个别品种可达 80 厘米以上）	根据市场行情，一般是最高价格，3~3.5 元/斤
二级	颜色青绿稍淡，头稍黄尾稍尖，稍弯曲	45~60 厘米（注：一般 60 厘米以下）	根据市场行情，2~3 元/斤
三级	颜色泛白，头黄尾尖，弯曲	40 厘米以下	普遍 1 元以下/斤

（三）甜瓜

1. 生产现状与技术成熟度

自从海南开始成功种植甜瓜以来，育种专家、种植企业开始从国内外引进大量不同品种的甜瓜进行试种，设施栽培甜瓜以厚皮甜瓜为主，主要包括“西州蜜 25 号”“西州蜜 17 号”“超墨”“金香玉”“翠甜”

“蜜世界”“玫珑”“雅典”“金典”“长香玉”等；薄皮甜瓜主要分布在文昌、海口、定安、陵水、东方等地，品种为“白玉”“美浓”“银辉”“海南抱子瓜”等30多个。目前乐东、东方、陵水80%的种植户选择种植新25号（西州蜜25号占种植面积约80%），其原因是新25号容易种植，但缺点是较25号口感差，种子供应由几家大的种子公司提供，如保丰公司、农友。

甜瓜设施生产采用镀锌钢管装配式结构大棚、水泥立柱镀锌和快速棚三种棚型，结构和成本差异大，吊蔓栽培（单蔓或双蔓），水肥管理凭经验，没有统一的水肥管理标准，生产上用肥或用药比较混乱。

2. 组织模式

设施甜瓜经营主体主要是企业和种植大户，采用订单经营为主，如海南胜杰农业公司的设施甜瓜自营基地200公顷，订单生产面积666.67公顷；三亚三力源生态农业有限公司设施甜瓜自营面积达到66.67公顷；乐东县乐罗镇的林春富设施甜瓜种植面积66.67公顷。种植面积为3.33~6.67公顷的种植大户在海南比较普遍。订单式生产非常普遍，比较大的企业和种植大户都提前与大的鲜果商签订了订单，以“百果园”为代表的鲜果商都在海南布局基地，通过品牌化销售和优质、优价带动了海南省西瓜、甜瓜产业特别是设施甜瓜产业的快速发展。

（四）芒果

1. 生产现状、技术成熟度

海南芒果面积仅次于广西的100余万亩，达到71.36万亩，产量全国排名第一，为50.89万吨。其中三亚28.25万亩，乐东15.17万亩，东方13.86万亩，陵水6万亩，昌江4万亩。品种主要有台农（占种植面积的60%）、金煌、贵妃、红玉、澳芒等，上市时间为11月至次年5月。

标准化技术体系初步形成。目前全国关于芒果的种质资源描述、生产技术、病虫害防治技术、果汁加工等标准共计12个，其中国家标准2个，行业标准（原农业部）6个，省级地方标准2个，企业标准2个，芒果标准生产技术体系已有雏形。

标准化生产初具规模。海南芒果产业的种植方式以传统种植为主，全省已建立19个国家级科技示范园（原农业部），其中三亚有农业部科技示范园4个，乐东有农业部科技示范园7个，东方有农业部科技示范园3个，昌江有农业部科技示范园1个，陵水有1个，农垦有3个。海南省还建立了省级的标准示范园，分布于各县市种植区。

2. 组织模式

由于芒果生产对气候有特殊要求，经济栽培区域小，其面积和产量在国内水果生产占据的比重低微，产量与市场失调，远远不能满足国内外市场的需要。目前国内有30%以上从越南等东南亚国家进口。

海南芒果园以小农户自主经营（200~300亩）、小户租种经营（200~500亩）以及企业化经营（1000亩以上）三种组织模式为主，其中大部分果园零星分散，规模较小，区域布局不合理。产业化水平低，芒果农缺乏龙头企业带头，抵御风险的能力较低。芒果产业链不完整，芒果农重产轻销，造成芒果产业的产前、产中、产后等环节严重脱节。本次调查种植户共计20个，其中三亚南滨农场种植户7户，三亚市种植户10户，东方种植户2户，乐东种植户1户，种植规模200~7000亩，统一按每亩35株计算其成本和每亩总投入，由于租金差异较大，造成投入1600~115150元/亩，总产值为5621~15000元/亩。

三、选定作物的技术“瓶颈”及可能解决方案

（一）共性的技术“瓶颈”

目前海南农业生产中栽培的水果品种85%都来自国外或台湾，90%

的瓜果蔬菜品种来自国外、中国台湾地区或其他省份，本省自主研发的水果、瓜菜品种非常有限。在所选定的4个品种中，目前大面积栽培的红心大红系列火龙果全部由台商从中国台湾地区引进，甜瓜主要来自新疆或其他省份和中国台湾地区，由本省科研单位引进试验，豇豆主要由三亚南繁科学院和中国热带农业科学院、海南省农科院从外省引进。芒果生产上主栽品种有“金煌芒”“台农一号”“贵妃芒”“台牙”和“白象牙”等，其中除“白象牙”引自泰国外，其他四个品种都是由中国热带农业科学院和海南大学等单位引自中国台湾地区，并经试种成功而得到大面积推广与应用，其种植面积占全省芒果总种植面积的70%左右。从中国台湾地区引种试种成功与推广应用的“金煌芒”“贵妃芒”“台牙”“台农一号”四个芒果品种，先后通过了海南省农作物品种审定委员会的认定。从上述分析可见，品种少、优良品种更少及品种研发能力弱，已经是目前制约海南高效农业发展最大的瓶颈。要解决这个普遍的问题，需要通过制定中长期规划，通过引进与创新及与企业、产业相结合建立各种资源圃，采用传统育种与现代生物技术育种手段相结合的方式，开展品种的杂交、选育及改良，缩短新品种选育周期，同时要整合现有产业链资源，提高品种的推广与更新的速率。

另外，近20年来海南的规模农业取得了很大的进步，集约化、单一连片及连续种植非常普遍，土壤酸化和有机质下降明显，而化肥和农药的过量施用，加剧了农业生态系统中生物多样性的逐渐丧失，作物地上部分病害发生越来越严重。同时，地下部分土壤微生物多样性降低，病原菌和线虫积累，土传病害发生也越来越严重，而土壤板结和肥力下降也成了普遍现象。解决上述技术问题的关键在于制定合理的耕作制度，建立合理轮作、间作、套作与休耕体系；建立科学的施肥和农药施用制度，恢复地上和地下部分生物多样性和提高土壤的地力。

（二）个性的技术“瓶颈”及可能的解决方案

1. 火龙果技术“瓶颈”及可能的解决方案

随着火龙果规模的扩大，火龙果产业也同样面临一些个性的技术问题，主要是火龙果的田间杂草控制以及溃疡病的日趋严重，要通过研究、筛选合适的覆盖草种，抑制田间恶性杂草的生长；通过提高营养管理技术，改善火龙果营养状况及健康状况，提高火龙果的抗病性。同时，研发新的生物农药来防治溃疡病。

2. 甜瓜技术“瓶颈”及可能的解决方案

一是授粉技术。甜瓜授粉成功率受湿度、温度和光照控制，温度太低、湿度太高和光照不足都不利于授粉的效果。解决这个问题的关键在于要选择适宜的地区种植，要选择适宜的种植时间，避开低温阴雨天气，为了让甜瓜在冬天有充足的光照，选择的膜既要有透光性又要有保温性。二是生产与组织管理模式的无序。调研中发现，甜瓜生产中大多数经营主体都有自己的品牌，其实都是同一个品种，但是有“三亚甜瓜”国家农产品地理标志产品，目前入会的新型经营主体已达 58 家。还有三亚三力源生态农业有限公司的“三力源”、三亚双盛实业有限公司的“洞天仙果”、三亚海源实业有限公司的“南山寿果”厚皮甜瓜等，这些甜瓜只有品牌，没有相应的产品标准和技术标准。

调研中发现，不同类型设施农业模式下，西瓜、甜瓜经营主体所采取的管理方式具有较大差异，但分片管理、责任到人、绩效考核是普遍采用的办法。比较好的生产组织管理有三种方式：①分片管理，用工统一调度。如三亚三力源生态农业有限公司是根据订单需要将基地采取分片管理，每个生产区 5.33~6.67 公顷，由 1 个管理员及 2 个水肥工负责肥水和植保管理，每个工人负责定植后日常的田间管理，每个工人管理 0.67 公顷，分为 3 批分期播，工人能完成日常田间管理工作，最后根据产量进行绩效考核，这种方式在海南的设施西瓜、甜瓜生产中应用较多，比较普遍的是夫妇2人管理0.67~0.80公顷的大棚。②统一管理和社会化服务相结合。海南三亚水之缘农业有限公司自营基地6.67公顷，只聘请了3个长期工人，主要是负责定植前的工作和定植后日常的肥水和植保管理，从甜瓜幼苗定植成活后到甜瓜定果这段时间，是委托给专门的社会化服务队，负责整枝、吊蔓、授粉、选果、定果等工作，按照667平方米/250元计算，这种管理方式适合基地面积不大的公司，可以减少固定人员的开支，下一步还会积极探索和其他基地的联合，如果定植时间不一样，两个甚至多个基地可以协调起来统一调度工人。③合作社的统分结合模式。这种方式适合合作社社员的管理，合作社采取“合作社+基地+农户”发展模式，“五统一分”相结合，每个合作社社员分散管理自己的西瓜甜瓜基地，这种方式容易扩大规模，但存在的问题是不同社员管理的产品质量标准不统一，导致最后上市的产品质量难以做到标准化控制。解决这个问题的关键是需要在政府的宏观政策引导下，制定统一技术标准、管理方案，统一品牌。

3. 豇豆技术“瓶颈”及可能的解决方案

豇豆生产中面临的技术问题：一是种植户“重追肥，轻基肥”“重化肥，轻有机肥”，大部分种植户不施有机肥，也不施无基肥，在后期追施化肥并采用生长调节剂增加产量，使豇豆品质下降，并且豇豆产量也不稳定。二是目前开展豇豆病虫害系统研究的人员较少，很多病例如根腐病、茎腐病等病害报道较多，病原物和症状都比较复杂，给正确用药、对症施治带来很大困难，而关于病虫害方面的研究基础较薄弱，例如优势种蓟马的种类没有查到明确报道。调查中还发现新的食花粉害虫，笔者正在进行相关的种类鉴定工作，急需立专项对豇豆病虫害进行系统研究，才能从源头上解决质量安全问题。三是豇豆农药种类多，多达242种，发现三证不全的药剂5种，禁用农药2种，且田间施药频繁，病虫害发生严重时期，特别是冬季气候较凉、雨水较多，病虫害发生严重，呈现“用药频率高、混合种类多”的特点。一般1~3天打药一次，最长间隔也是 6~7 天用药一次，更加严重的问题是药剂混用现象极为普遍，一般每次用药至少 5 种各类药剂混用，多者一次混用的农药品种多达 15 种，不仅加速了病虫害的耐药性，也造成了环境污染，更是质量安全的最大隐患。

解决这些问题的思路：一是加强豇豆标准化栽培技术的研究与示范，形成技术规程，并在不同地区推广应用，其中包括品种选择、施足基肥、合理追肥、地膜覆盖栽培、科学灌溉技术等，在健身栽培的基础上，争取优质、高产、高效，加速豇豆产业的持续发展。二是要开展主要病虫害系统研究。首先，针对目前普遍发生的病虫害种类，系统研究发生、发展规律，掌握防治适期，筛选高效、低毒、低残留、环境友好的药剂进行有效防治，保障豇豆产业健康发展。其次，针对新发生、没有进行系统研究的病虫害种类，开展基础研究工作，在基础研究的同时，提出相应的防治技术，改变目前多种农药混合使用、防治效率低又不经济的滥用药现象，提出科学、合理、有效的防治技术。同时，应用农业综合系统理论、绿色植物保护理论等，建立以靶标为主线绿色防控模式，将多项技术有机结合，制定防治流程，并研究以产品为主线的绿色防控技术，掌握防治适期，加快推进专业化统防统治。做到节本增效，减少施药 20%以上。进一步完善病虫防灾减灾长效机制和应急防控机制，保障豇豆产业的可持续发展。保护农业生态环境，支持国际旅游岛建设。三是加大农药监管力度，将农药监管工作做到实处。目前海南省已建立了较完善的农药监管体系，但是在调查过程中发现仍然有禁用的农药品种在田间使用，其原因是多方面的。首先，在海南的豇豆种植是以农户小规模种植为基础的，调查中每家每户的种植面积为 0.0852~0.1676 公顷，分散种植的模式，使病虫害无法统防统治，这也是目前病虫害发生严重、防治困难的重要原因。由于不进行统防统治，药剂防治效果很差，促使种植户去选择禁用农药进行害虫防治。其次，农药监管体系的基层申报人员大多是兼职人员，由于工作繁忙，汇报内容的严格、准确就没有相应的保障。因此，在加强农药监管体系建设的同时，注重基层监管队伍建设，是完善监管体系的重要内容。另外，加大科技投入力度、加强正确防治措施的研究和推广，才是保障产业可持续发展、保障农产品质量安全的必经之路。

4. 芒果技术“瓶颈”及可能的解决方案

一是栽培管理仍粗放，单产低，成本高，果实商品率低于80%。果园品种良莠不齐，优良品种面积不足35%，果实成熟期相对集中，大量鲜果集中上市，保鲜技术落后，使货架期过短，芒果价格普遍较低，经济效益不高。除少数芒果园属果农自营外，大部分芒果园处于承包状态，承包期一般1～3年，承包者片面追求产量而造成芒果树势减弱、流胶病等病害发生普遍，使芒果产量和品质无法保障。二是大量使用生长调节剂，芒果品质和货架期急剧下降。芒果自然授粉率不高，大量使用多效唑、乙烯利、赤霉素、萘乙酸、噻苯隆（俗称“白粉”），破坏了树体平衡，又不注重及时补充花期营养，使树势变弱，影响授粉，就算是两性花也不能形成果实。目前大部分果园败育果的比率高达80%以上，使芒果品质下降，同时货架期也缩短，产业效益无法保障。另外，果园大量使用除草剂，也使芒果树势下降，产量没有保障。解决上述问题的关键在于，以目标市场为导向，制定芒果等级标准，以优质、优价的措施，适度限制产量，促进芒果产业化发展，实现产、销、加工一条龙。建立利益共享、风险共担的机制。在芒果适宜区域重点连片发展，建立示范基地，完善基础设施建设，限制、减少，甚至淘汰芒果次适宜区的发展，促进芒果区域化发展。通过示范基地的建设，实现芒果生产的规模化和集约化经营。

四、选定作物的技术转化、推广及培训模式

目前，主栽火龙果品种是大红系列，由台商引进后在海南和广东试

种，成功后进行推广。因红心火龙果品质和口感好，再加上果实含有丰富的花青苷而使其颜色非常鲜艳，在短时间内跃居高端水果行列。虽价格昂贵，却在2~3年时间内迅速被消费者接受，市场需求越来越大，近3年来种植规模迅速增加而成为农业投资新宠。在火龙果试种、规模化生产过程中，企业通过自我研发、自我推广、相互学习和到台湾学习，使产业远远走在科学研究前列，企业之间主要通过购买种苗获得技术服务和培训，简单而高效；海南省火龙果产业协会（非官方）起到很好的推广、培训与示范作用，但缺乏来自政府和科研单位的支持与引导。

海南种植的甜瓜品种全部从外省引进，中国台湾地区的农友公司也从中国台湾地区引进少量的甜瓜品种，种植户可以通过从种子公司购买种子获得技术指导和培训，更多的技术指导和培训则来源于甜瓜技术服务公司、农资企业。他们通过试验与示范，吸引种植户来观摩与学习，推广种子、农药、肥料、地膜、水肥一体化设施等。在三亚、乐东及东方甜瓜主产区，政府部门也会组织专家对种植户进行推广与培训。

豇豆主要是小农户种植，品种也多由外省引进。由于种植户小而分散，通过企业组织推广和培训的成本较高。因此，豇豆技术推广与培训主要由政府部门、科研部门负责，种子和农资企业也会有少量的技术指导与培训。

芒果种植户有企业和农户。“台农”“贵妃”“金煌”是目前生产上大面积种植的品种，其他品种还有“象牙”“吕宋芒”“鸡蛋芒”“澳芒”“红玉”等，主要由外地引进。全省建立了19个芒果标准化种植园，通过示范园的示范和观摩，进行技术培训与推广；另外，海南也成立了芒果协会、芒果产业联盟和合作社，通过这些组织开展技术推广与培训，效果也很好，其中海南陵水的雷丰芒果合作社，通过收取技术服务费、提供各种农资信息咨询等方式进行技术推广与培训，在芒果产业界得到大量的认同。

第七章

热带农业产业化、组织化项目财务分析与财政压力测试

基于第六章选定的火龙果、豇豆、甜瓜和芒果四种热带作物，本章进一步分析了其所涉及区域、组织化、规模化程度及市场占有率，并通过测算、对比选定作物产业化前后的投资受益情况，得出了初步的热带农业产业化、组织化项目财务分析与财政压力测试结果。

一、选定作物所涉及区域，组织化、规模化程度及市场占有率分析

（一）火龙果

根据2020年的调研数据，全国火龙果种植面积7万公顷左右，但仍无法满足国内需求，每年仍需从越南进口新鲜火龙果约400万吨。种植面积缺口约200万亩。火龙果种植主要分布在广西、广东、海南、云南等地。火龙果生产以企业为主导，大多数企业采用公司+农户的方式进行生产，火龙果从品种繁育到终端销售已经形成完整的产业链，组织化、规模化相对成熟，生产过程有相对一致的技术体系和标准，农产品质量安全容易控制。

（二）豇豆

根据本次调研数据，2017年全省豇豆种植面积约为21190公顷，总产量52.2万吨，豇豆优势产区主要分布在乐东、东方、三亚、陵水、万宁，占全省豇豆面积的70%左右，优质商品率较高。海南豇豆栽培已有悠久的历史，生产水平相对较高。豇豆种植以农户分散种植为主，产

业化、组织化、规模化程度低，整个生产过程缺乏统一的技术体系和标准，农产品质量安全不容易控制。

（三）甜瓜

目前海南反季节甜瓜的面积约 5 万公顷，主要分布在乐东、三亚、陵水、东方和昌江一带，从九所—新龙，约占整个甜瓜种植产业面积的 75%。其中小农户种植面积占 70%（种植面积 10~50 亩占的量最多），50~500 亩占 20%，500 亩以上占 10%。甜瓜生产品种繁育到终端销售已经形成完整的产业链，但是组织化程度很低，技术体系和标准不健全，农产品质量安全不容易控制。

（四）芒果

2019 年海南芒果种植面积约 17 万公顷，产量全国排名第一，为 56.73 万吨，其中三亚 29.53 万吨，乐东 12.24 万吨，东方 7.7 万吨，陵水 3.6 万吨，昌江 1.9 万吨，品种主要有"台农"（占 60%）、"金煌"、"贵妃"、"红玉"、"澳芒"等，上市时间为 12 月至次年 5 月。海南芒果生产有分散的农户种植，也有规模化的企业种植，种植组织化程度低，技术服务体系和标准不健全，芒果质量安全不容易控制。

近些年来，"海南"这个名词已经代表了中国热带水果的区域品牌，在内地消费者心目中已根深蒂固。但市场上鱼龙混杂，渠道混乱，广西、广东、云南、四川攀枝花等地的产品冒充海南产品的比比皆是，淘宝网上也到处可见，甚至把异地产品运到海南包装再销出岛外。低价、低质产品给海南的产品形象和市场造成严重的冲击，破坏了海南产品的形象和声誉，消费者想购买到真正的海南好产品也无法辨别。经销商唯利是图，不论什么产品，地头压价，市场抬价，市场价格经常异常波动，造成种植户效益不稳定，挫败了种植户的信心。从种植生产、收购、产地批发、销地一二级批发到终端销售多个环节，成本居高不下，多环节造成损耗约10%~30%，浪费很大，最后都由消费者承担，高价格影响了消费意愿，市场恶性循环。

之前海南很多企业在内地推广品牌，大多都是昙花一现，没有一家稳居市场。建设并维护一个品牌需要实力、耐力和正确的方法，小企业不具备这么多的人力、物力、财力，必须跟上“大部队”系统地整体运作，形成产业集合。

二、选定作物的现有投资收益情况测算

（一）投资分析

1. 火龙果

火龙果项目第1年至第5年的种植规模皆为8667公顷，五年基本成本合计为1136308.70万元，该项目五年的总产值约为2642351.63万元，每年平均为528470.33万元。利润为1506042.92万元，每年平均为301208.58万元。

2. 豇豆

豇豆项目的种植规模为21190公顷，五年基本成本合计为1206161.29万元，该项目五年的总产值约为1907100万元，每年平均为381420万元。利润为700938.71万元，每年平均为140187.74万元。

3. 甜瓜

甜瓜项目的种植规模皆为13333公顷，五年基本成本合计为1476000万元，该项目五年的总产值约为2160000万元，每年平均为432000万元。利润为684000万元，每年平均为136800万元。

4. 芒果

芒果项目的种植规模皆为54459公顷，八年基本成本合计为5872586.26万元，该项目八年的总产值约为4778777.25万元，每年平均为

597347. 16 万元。利润为-1093809. 02 万元，每年平均为-136726. 13 万元。

（二）投资总成本分析

1. 火龙果

火龙果项目第 1 年至第 5 年的种植规模皆为 8667 公顷，五年基本成本合计为 1136308. 70 万元。

2. 豇豆

豇豆项目的种植规模为 21190 公顷，五年基本成本合计为 1206161. 29 万元。

3. 甜瓜

甜瓜项目的种植规模皆为 13333 公顷，五年基本成本合计为 1476000 万元。

4. 芒果

芒果项目的种植规模皆为 54459 公顷，八年基本成本合计为 5872586. 26 万元。

（三）投资总收益分析

1. 火龙果

火龙果项目第 1 年至第 5 年的种植规模皆为 8667 公顷。该项目五年的总产值约为 2642351. 63 万元，每年平均为 528470. 33 万元。利润为 1506042. 92 万元，每年平均为 301208. 58 万元。

2. 豇豆

豇豆项目的种植规模为 21190 公顷。该项目五年的总产值约为 1907100 万元，每年平均为 381420 万元。利润为 700938. 71 万元，每年平均为 140187. 74 万元。

3. 甜瓜

甜瓜项目的种植规模皆为 13333 公顷，该项目五年的总产值约为

2160000 万元，每年平均为 432000 万元。利润为 684000 万元，每年平均为 136800 万元。

4. 芒果

芒果项目的种植规模皆为 54459 公顷，该项目八年的总产值约为 4778777.25 万元，每年平均为 597347.16 万元。利润为-1093809.02 万元，每年平均为-136726.13 万元。

三、选定作物实现产业化运作后的投资收益测算

（一）投资分析

1. 火龙果

火龙果项目的种植规模为 1300.05 百亩，引入新技术、新种苗、新的经营管理模式后，产量上升 30%，价格达到市场最高价，则五年基本成本合计为 1210080.04 万元，补贴合计为 108302.69 万元，火龙果项目需要的总资金为 1318382.73 万元，平均每年 263676.55 万元。五年总收益为 5932128.15 万元，平均每年 1186425.63 万元。五年总利润为 4613745.42 万元，平均每年 922749.08 万元。

2. 豇豆

豇豆项目的种植规模为 3178.5 百亩，引入新技术、新种苗、新的经营管理模式后，产量上升 30%，价格达到市场最高价，则五年基本成本合计为 1206161.29 万元，补贴合计为 71874.16 万元，豇豆项目需要的总资金为 1278035.45 万元，平均每年 255607.09 万元。五年总收益为 5271300 万元，平均每年 1144260 万元。五年总利润为 4443264.55 万元，平均每年 888652.91 万元。

3. 甜瓜

甜瓜项目的种植规模为 2000 百亩，引入新技术、新种苗、新的经

营管理模式后，产量上升 30%，价格达到市场最高价。则五年基本成本合计为 1608400 万元，补贴合计为 137432. 9 万元，豇豆项目需要的总资金为 1745832. 9 万元，平均每年 349166. 58 万元。五年总收益为 5200000 万元，平均每年 1040000 万元。五年总利润为 3454167. 1 万元，平均每年 690833. 42 万元。

4. 芒果

芒果项目的种植规模皆为 54459 公顷，引入新技术、新种苗、新的经营管理模式后，产量上升 30%，价格达到市场最高价。则八年基本成本合计为 5885656. 43 万元，补贴合计为 180359. 02 万元，芒果项目需要的总资金为 6066015. 45 万元，平均每年 758251. 93 万元。八年总收益为 12424820. 85 万元，平均每年 1553102. 61 万元。八年总利润为 6358805. 41 万元，平均每年 794850. 68 万元。

（二）投资总成本分析

1. 火龙果

火龙果项目的种植规模为 1300. 05 百亩，引入新技术、新种苗、新的经营管理模式后，产量上升 30%，价格达到市场最高价。则五年基本成本合计为 1210080. 04 万元，补贴合计为 108302. 69 万元，火龙果项目需要的总资金为 1318382. 73 万元，平均每年 263676. 55 万元。

2. 豇豆

豇豆项目的种植规模为 3178. 5 百亩，引入新技术、新种苗、新的经营管理模式后，产量上升 30%，价格达到市场最高价。则五年基本成本合计为 1206161. 29 万元，补贴合计为 71874. 16 万元，豇豆项目需要的总资金为 1278035. 45 万元，平均每年 255607. 09 万元。

3. 甜瓜

甜瓜项目的种植规模为 2000 百亩，引入新技术、新种苗、新的经营管理模式后，产量上升 30%，价格达到市场最高价。则五年基本成本合计为 1608400 万元，补贴合计为 137432. 9 万元，豇豆项目需要的总资金为 1745832. 9 万元，平均每年 349166. 58 万元。

4. 芒果

芒果项目的种植规模皆为 54459 公顷，引入新技术、新种苗、新的经营管理模式后，产量上升 30%，价格达到市场最高价。则八年基本成本合计为 5885656. 43 万元，补贴合计为 180359. 02 万元，芒果项目需要的总资金为 6066015. 45 万元，平均每年 758251. 93 万元。

（三）投资总收益分析

1. 火龙果

火龙果项目的种植规模为 1300. 05 百亩，引入新技术、新种苗、新的经营管理模式后，产量上升 30%，价格达到市场最高价。五年总收益为 5932128. 15 万元，平均每年 1186425. 63 万元。五年总利润为 4613745. 42 万元，平均每年 922749. 08 万元。

2. 豇豆

豇豆项目的种植规模为 3178. 5 百亩，引入新技术、新种苗、新的经营管理模式后，产量上升 30%，价格达到市场最高价。五年总利润为 4443264. 55 万元，平均每年 888652. 91 万元。

3. 甜瓜

甜瓜项目的种植规模为 2000 百亩，引入新技术、新种苗、新的经营管理模式后，产量上升 30%，价格达到市场最高价。五年总利润为 3454167. 1 万元，平均每年 690833. 42 万元。

4. 芒果

芒果项目的种植规模皆为 54459 公顷，引入新技术、新种苗、新的经营管理模式后，产量上升 30%，价格达到市场最高价。八年总收益为 12424820. 85 万元，平均每年 1553102. 61 万元。八年总利润为 6358805. 41 万元，平均每年 794850. 68 万元。

四、产业化前后测算数据对比分析

（一）火龙果

在原有技术水平下，火龙果项目需要的总资金为 1136308. 70 万元，总产值为 2642351. 63 万元，总利润为 1506042. 92 万元。在引进新技术、新种苗以及新的经营管理模式之后，种苗成本增长 10%，土壤改良成本增长 5%，有机覆盖物成本增长 5%，土地租赁增长 15%，作物营养及植保增长 8%，人工成本增长 8%，总资金投入为 1318382. 73 万元，总产值为 5932128. 15 万元，总利润为 4613745. 42 万元，利润增长 206. 35%。

（二）豇豆

在原有技术水平下，豇豆项目需要的总资金为 1206161. 29 万元，总产值为 1907100 万元，总利润为 700938. 71 万元。在引进新技术、新种苗以及新的经营管理模式之后，土地租赁增长 10%，机耕增长 5%，肥料增长 5%，植保增长 5%，人工成本增长 8%，总资金投入为 1278035. 45 万元，总产值为 5271300 万元，总利润为 4443264. 55 万元，利润增长 533. 90%。

（三）甜瓜

在原有技术水平下，甜瓜项目需要的总资金为 1476000 万元，总产值为 2160000 万元，总利润为 684000 万元。在引进新技术、新种苗以及新的经营管理模式之后，滴灌成本增长 10%，种苗成本增长 10%，作物营养及植保增长 8%，人工成本增长 8%，总资金投入为

1745832.90 万元，总产值为 5200000 万元，总利润为 3454167.10 万元，利润增长 405.00%。

（四）芒果

在原有技术水平下，芒果项目需要的总资金为 5872586.27 万元，总产值为 4778777.25 万元，总利润为-1093809.02 万元。在引进新技术、新种苗以及新的经营管理模式之后，种苗成本增长 150%，滴灌成本降低 9%，作物营养及植保降低 10.7%，人工成本增长 5.7%，团队管理费用增长 4.2%，总资金投入为 6066015.45 万元，总产值为 12424820.85 万元，总利润为 6358805.41 万元，利润增长 681.35%。

五、财政扶持与风险分析

（一）目前财政对海南省农业的扶持力度

财政在农业总体支出方面，2009—2017 年，海南省地方财政农林水务累计支出为 1227.04 亿元，农林水务支出规模呈逐年增加的趋势，由 2009 年的 83.08 亿元增加至 2017 年的 198.42 亿元，年均增长率为 15.43%。各年的农林水务支出情况如表 7-1 所示。

表 7-1 2009—2017 年海南省农林水务支出

年份	2017	2016	2015	2014	2013	2012	2011	2010	2009	平均
金额（亿元）	198.42	179.04	164.24	146.3	139.03	123.62	105.63	87.68	83.08	136.34

注：数据来自 Wind 数据库。

现有的海南财政农业补贴主要涵盖科技转化与推广服务、病虫害控制、防灾救灾、农产品质量安全、农业结构、调整补贴、稳定农民收入补贴、农业生产支持补贴、农业组织化与产业化经营、农产品加工与促销、农业资源保护修复与利用等。农业补贴支出总额呈上升的趋势，资金来源主要为财政拨款收入，2013—2019 年农业财政补贴累计为 276545.7 万元，由 2013 年的 38444 万元增加至 2019 年的 111663.7 万元，年均增长率为 31.74%。各年度的具体农业项目补贴①如表 7-2 所示。

表 7-2　2013—2019 年财政农业项目补贴资金　　单位：万元

农业补贴项目	2019 年	2018 年	2017 年	2016 年	2015 年	2014 年	2013 年
科技转化与推广服务	4463.40	1332.60	1276.40	2557.10	3929.80	4025.10	4120.50
病虫害控制	1570.20	2437.00	4809.20	3892.80	6769.60	8095.20	9420.90
防灾救灾	—	—	—	15.2	93	211.5	330
农产品质量安全	2119.00	1823.50	3032.80	3527.60	3054.40	3054.40	—
农业结构	—	—	—	—	—	—	—
调整补贴	—	—	—	—	527.2	4747.50	8967.80
稳定农民收入补贴	600	—	—	—	—	—	—
农业生产支持补贴	—	12005.00	56.7	37.7	—	4520.00	4520.00
农业组织化与产业化经营	155	355	—	14.3	—	80	80
农产品加工与促销	500	1880.00	665.6	291.1	1009.70	2993.70	4977.70
农业资源保护修复与利用	—	—	209.9	260.3	263.6	316.5	369.4
其他农业支出	102256.10	48939.00	5615.80	7802.40	7953.90	6805.80	5657.70
合计	111663.70	68772.10	15666.40	18398.50	23601.20	34849.7	38444

海南省内的补贴政策涵盖范围较广，包括灌溉设备补贴、农机购置

① 数据来自各年度《海南省农业农村厅年度部门预算》与《海南省农业农村厅年度部门决算》，http：//agri. hainan. gov. cn/hnsnyt/xxgk/0200/0202/？ClassInfoId＝1901；2013—2017 年数据来源于《海南省农业农村厅年度部门决算》，2018—2019 年由于部门决算未公开，以《海南省农业农村厅年度部门预算》数据来替代。由于缺失 2014 年的数据，以 2013 年与 2015 年的均值代替。

补贴、良种补贴、大棚设施补贴、鲜果收购补贴、施肥补贴，等等。补贴方式如表 7-3 所示。

表 7-3　现有农业补贴政策

补贴项目	补贴方式
灌溉设备补贴①	1200 元/套或 3000 元/台（最高补贴金额 5 万元）
农机购置补贴②	市场销售价格×30%（单机最高补贴额不超过 5 万元）
大棚设施补贴③	≤20 万元/每户
鲜果收购补贴④	对资格认定的收储企业（大户）收购槟榔干果，>100 吨，2000 元/吨 收购鲜果，0. 25 元/斤，>400 吨，500 元/吨
施肥补贴⑤	≥80 万元/县
良种补贴⑥	每亩补贴 33 株袋装苗，每株补贴 5 元

（二）政府财政对新型农业合作模式的保障政策

在课题组设计的新型农业合作模式下，财政不需要为三级公司的销售兜底。但是为保障新型农业合作模式的顺利开展，海南省政府需要组建由省政府控股的绿创院，并对农业生产的多个环节进行补贴。

新型农业合作模式下，财政保障政策包括六大类：①政府部分出资建立混合所有制绿创院；②政府对混合所有制绿创院的种苗研发提供资金支持；③政府对直接从事种植事务的企业或农户提供农机购置补贴或对种植项目基础设施提供补贴；④政府对直接从事种植事务的企业或农

① 《关于印发海南省 2009 年喷灌机械设备购置补贴实施方案的通知》《海南省农业厅关于对微灌设备（微喷、滴灌、灌）等 3 类补贴产品处理决定的通知》。

② 《关于印发海南省 2012 年农机购置补贴项目实施方案和补贴额一览表的通知》《海南省农业厅关于增加 2015—2017 年农机购置补贴机具补贴额一览表分类分档的通知》《海南省农业厅　海南省财政厅关于印发海南省 2018—2020 年农机购置补贴实施指导意见的通知》。

③ 《关于印发海南省 2012 年农机购置补贴项目实施方案和补贴额一览表的通知》。

④ 《关于印发 2013 年槟榔干果鲜果收购财政补贴实施方案的通知》。

⑤ 《2014 年海南省测土配方施肥补贴项目总体实施方案公示》。

⑥ 《关于印发 2013 年天然橡胶良种补贴项目实施方案的通知》。

户提供化肥补贴；⑤政府对直接从事种植事务的企业或农户提供种苗补贴；⑥政府对直接从事种植事务的企业或农户提供自然灾害保险补贴。

财政保障政策中，出资建立混合所有制绿创院为政府一次性财政支出，而农业科研研发补贴、农机购置补贴、化肥补贴、种苗补贴和自然灾害保险补贴，为年度经常性支出。

考虑到混合所有制绿创院建立之初，企业效益发挥不充分、品牌效应不明显等情况，其他企业参与积极性较低，政府出资比例为 80%。日后随着企业知名度的提高，其他企业参与积极性上升，政府的股权比例可以降低。根据 2018 年国内营业收入排名前五的丰乐种业、荃银高科、敦煌种业、登海种业与万向德农农业种植上市公司，其平均注册资本为 47840 万元，海南省可以设立注册资本为 47840 万元的绿创院。若以海南省政府出资 80%计算，则在成立新企业方面，海南省必须一次性支出 33488 万元。

除新设立企业需要一次性财政支出外，其他种植项目依据种植作物的种类和面积不同，财政需每年都投入保障资金。以下分别测算各种作物每年所需的财政投入。

（三）火龙果项目财政投入

针对新型农业合作模式，政府主要考虑的 5 项补贴标准为：①参考海南省科技厅对农业科研项目的投入力度，每年一种作物约 2 个项目，每个项目 25 万元，政府每年可投到火龙果项目的种苗研发费用为 50 万元；②基础设施补贴参照农机购置补贴的标准，按市场价格的 30%标准补贴；③化肥补贴参照《2017 年海南省耕地地力保护补贴项目实施方案》，每亩补贴标准为 141. 23 元；④种苗补贴参照海南省槟榔项目的补贴标准，按种苗成本的 30%补贴；⑤自然灾害保险的补贴标准参考香蕉自然灾害保险，自然灾害保险 300 元/亩，财政补贴比例为 80%，则自然灾害保险补贴为 240 元/亩。

当前火龙果在海南省的种植面积大约为 8000～10000 公顷，以第 1 年至第 5 年的种植规模维持在 8667 公顷计算，政府在火龙果项目的财政投入各项目的具体补贴金额见表 7-4。

表 7-4　火龙果项目财政投入　　单位：万元

财政投入项目	第 1 年	第 2 年	第 3 年	第 4 年	第 5 年	合计
种苗研发	50	50	50	50	50	250
基础设施补贴	10471.5	0	0	0	0	10471.5
化肥补贴	1835.98	1835.98	1835.98	1835.98	1835.98	9179.90
种苗补贴	72801.3	0	0	0	0	72801.3
自然灾害保险补贴	3120	3120	3120	3120	3120	15600
合计	88278.78	5005.98	5005.98	5005.98	5005.98	108302.70

（四）豇豆项目财政投入

豇豆的财政补贴标准参照火龙果项目的补贴标准：①政府每年投入的种苗研发费用为 50 万元；②豇豆项目涉及喷灌系统等基础设施投资，参照农机购置补贴的标准，按市场价格的 30%标准补贴；③化肥补贴参照《2017 年海南省耕地地力保护补贴项目实施方案》，每亩补贴标准为 141.23 元；④豇豆项目由于种子成本比较小，财政将不对其补贴；⑤自然灾害保险补贴为 240 元/亩。

豇豆目前在海南省的种植面积大约为 21190 公顷。由于豇豆的需求基本饱和，其种植规模将维持不变，以第 1 年至第 5 年的种植规模均为 21190 公顷计算，政府在豇豆项目的财政投入各项目的具体补贴金额见表 7-5。

表 7-5　豇豆项目财政投入　　单位：万元

财政投入项目	第 1 年	第 2 年	第 3 年	第 4 年	第 5 年	合计
种苗研发	50	50	50	50	50	250
基础设施补贴	11037.34	0	0	0	0	11037.34

续表

财政投入项目	第1年	第2年	第3年	第4年	第5年	合计
化肥补贴	4488.96	4488.96	4488.96	4488.96	4488.96	22444.8
种苗补贴	0	0	0	0	0	0
自然灾害保险补贴	7628.4	7628.4	7628.4	7628.4	7628.4	38142
合计	12117.36	12117.36	12117.36	12117.36	12117.36	60586.8

（五）甜瓜项目财政投入

甜瓜的财政补贴标准参照火龙果项目的补贴标准：①政府每年投入的种苗研发费用为50万元；②甜瓜项目涉及喷灌系统和大棚等基础设施投资，基础设施补贴参照农机购置补贴的标准，按市场价格的30%标准补贴；③化肥补贴参照《2017年海南省耕地地力保护补贴项目实施方案》，每亩补贴标准为141.23元；④种苗补贴参照海南省槟榔项目的补贴标准，按种苗成本的30%补贴；⑤自然灾害保险补贴为240元/亩。

由于甜瓜需求基本趋于饱和，其种植面积基本维持不变。以第1年至第5年的种植规模均维持在当前13333公顷的种植面积计算，政府在甜瓜项目的财政投入各项目的具体补贴金额见表7-6。

表7-6 甜瓜项目财政投入 单位：万元

财政投入项目	第1年	第2年	第3年	第4年	第5年	合计
种苗研发	50	50	50	50	50	250
基础设施补贴	79920	0	0	0	0	79920
化肥补贴	2824.58	2824.58	2824.58	2824.58	2824.58	14122.9
种苗补贴	8580	8580	8580	8580	8580	42900
自然灾害保险补贴	48	48	48	48	48	240
合计	91422.58	11502.58	11502.58	11502.58	11502.58	137432.9

（六）芒果项目财政投入

芒果的财政补贴标准参照火龙果项目的标准：①政府每年投入的种苗研发费用为 50 万元；②芒果项目涉及喷灌系统等基础设施投资，参照农机购置补贴的标准，按市场价格的 30%标准补贴；③化肥补贴参照《2017 年海南省耕地地力保护补贴项目实施方案》，每亩补贴标准为 141.23 元；④种苗补贴参照海南省槟榔项目的补贴标准，按种苗成本的 30%补贴；⑤自然灾害保险补贴为 240 元/亩。

因为海南的芒果与南亚国家芒果存在竞争，所以海南省芒果的种植面积不会增加。芒果种植后的前 3 年基本没有收成，从第 4 年开始才有收成，种植周期为 8 年。以第 1 年至第 8 年的种植规模均维持在当前 54459 公顷的种植面积计算，政府在芒果项目的财政投入各项目的具体补贴金额见表 7-7。

表 7-7　芒果项目财政投入　　单位：万元

财政投入项目	第 1 年	第 2 年	第 3 年	第 4 年	第 5 年	第 6 年	第 7 年	第 8 年	合计
种苗研发	50	50	50	50	50	50	50	50	400
基础设施补贴	12253.28	0	0	0	0	0	0	0	12253.28
化肥补贴	11536.79	11536.79	11536.79	11536.79	11536.79	11536.79	11536.79	11536.79	92294.32
种苗补贴	8577.29	0	0	0	0	0	0	0	8577.29
自然灾害保险补贴	0	0	0	19605.24	19605.24	19605.24	19605.24	19605.24	98026.2
合计	32417.36	11586.79	11586.79	31192.03	31192.03	31192.03	31192.03	31192.03	211551.09

（七）支持新型农业合作模式的财政风险

海南省对新型农业合作模式的支持力度不应超过海南省地方财政农林水务支出的总额。当财政为新型农业合作模式的补贴接近财政在农林水务方面的支出总额时，将带来巨大财政风险。因此，财政对新型农业合作模式补贴的上限是财政在农林水务方面的支出总额。

新型农业合作模式下，财政风险在可控范围之内。新型农业合作模式创立后，海南省财政补贴支出最大的年份出现在第1年，为26.88亿元，占2017年海南省农林水务支出的13.55%。4个项目财政补贴总额为56.26亿元，占2017年海南省农林水务支出的28.36%。

第八章

海南热带农业增收综合项目的社会综合效益

海南热带农业增收综合项目的实施将带来一系列积极的社会效应，在海南“三农”问题上将进一步推动土地流转、乡村振兴，带动农民增收，繁荣农村经济。从全国的角度来看，提升热带农业组织化程度有助于优化我国农业产业结构，培育绿色农业发展模式。同时，有助于辐射带动热带“一带一路”沿线国家，助力自由贸易港探索，深化农村农业体制改革，促进自贸港现代产业体系构建。

一、对海南“三农”问题的积极影响

（一）促进土地流转

海南热带农业增收综合项目通过对以色列农业发展模式的考察和引进，对以色列“公司+农户”的现代化农业经营模式的学习和归纳，将国际经验与海南省特点相结合，总结出一套适用于海南省农村发展的市场化经营模式来有效改变海南省农民对土地的过度依赖，加快海南省农村劳动力的非农转移，助力第三产业的发展，激活海南省农村土地流转的内在动力。以色列的一些农产品公司与农户之间有着非常良好的互动机制，订单生产、农业生产与国际市场联系紧密是以色列农业经营的两大特点。通过对以色列先进经验的学习和推广，可以加强企业与农民之间的合作与联系，帮助一些有文化、懂技术、会经营的农户，通过承包、投资入股等形式来集中当地分散的土地，推进农业的规模经营，支持农业企业、新型农业经营主体集中流转土地来促进海南省农业区域化、规模化和集约化发展。

（二）推动乡村振兴

本项目通过对以色列基布兹（集体农场）和莫沙夫（农村合作社）两种主要生产经营模式的考察，探索我国发展农业集约化生产的有效组织形式，既可以借鉴以色列集体农场的模式，也可以积极尝试家庭农场、土地股份合作社和特色产业小镇等新型模式，积极探索和推广适应我国国情的农业发展模式。将以色列集约化、产业化、机械化生产方式作为发展方向，有效改变目前在海南省农村仍为主流的自给自足和以家庭为单元的传统产业经营方式，让我国农业产业能够科技化、市场化、现代化发展，让农民有钱可赚，让农民有自信心，让农村能够活起来，从而实现乡村振兴。

（三）带动农民增收

本项目的建设将为海南省农民普及先进的农业栽培技术，为海南省广大农民开辟一条新的致富门路，为农民建立稳定的经济收入来源。海南省目前在一些学习以色列先进农业技术方面，如滴灌工程技术和智能水肥技术等已经有条件推广，但是目前由于农民素质普遍偏低，无法很好掌握先进的农业科学技术。本项研究考察了以色列政府先进的农业技术推广方式和对农民的培训方法，将品种培育技术、水资源利用技术、温室技术、自动化及信息化技术等先进科技引入海南省农业种植中，并将国际经验和海南省实际情况相结合，对海南省农民定期进行农产品、农业技术和农业知识的培训，做好农民和科技推广员之间的联系，实现专业知识迭代，通过推广技术、提高农民素质的方式来实现人与机械、人与技术的结合，从而实现农作物产量的全面丰收、农民素质的全面提高以及农民收入的全面增加。

（四）繁荣农村经济

资源高投入、中产量、低品质是中国农业目前的一大缺点。本研究重点考察学习了以色列以密集深化的劳动投入和资金技术投入在小面积耕地上获得高效益的农业种植方式，尝试将以色列这种着眼提高单位土地生产率，高品质、高产量的集约化农业模式和海南省农业现状结合，走出一条适合海南农业的集约化发展道路。在劳动技术和人力资本方面投入要密集深化，在原材料和自然资源方面要简约节省，通过提高技术和科学管理的方式改善海南省农业生产（经营）要素质量，提高劳动生产率，合理配置各项农业生产（经营）要素，使其得到最佳组合和最优利用，以获取最佳经济效益资源，繁荣海南省农村经济。

二、对中国农业发展的影响

（一）提升热带农业组织化程度

以色列经济作物种类繁多，农业模式成熟，农业技术发达，农业组织化程度很高。本项目着眼于实施和引进以色列当前所采用的最新农业实践经验和农业科学技术，将集约化、机械化的农业生产方式推广至全岛，一方面可以推进海南省农业经营向采用先进科技和生产手段方向转变，增加在技术、资本等生产要素方面的投入，提高集约化水平；另一方面可以推动统一经营向发展农户联合与合作，形成多元化、多层次、多形式经营服务体系的方向转变。农业产业化项目将在培育产业龙头、土地管理体系、延伸农业产业链、培训新型农民等方面向以色列学习和借鉴，既可以帮助海南省在农业生产经营机制上实现新突破，还能够调动农业龙头企业、专业合作社和农民的积极参与，将整条农业产业链紧密联结起来，把农民真正组织起来，实现生产、加工、销售、服务一条龙，统一田间管理制度和田间保障，提高海南省农业生产效率，还能保障农业后续产业链的跟进和农产品信息的流畅，大大提高海南省农业的生产效率和热带农业组织化程度。

（二）优化我国农业产业结构

以色列农业在产业结构布局方面非常合理，主要因为其供给侧高度重视农林科技的创新与应用、根据市场需求变化及时调整农业种植的结构、重视农业劳动力素质的发展和提升等。这些经验对于推动我国农业供给侧结构性改革、优化我国农业产业结构有着一定的借鉴意义。本书构造的热带农业产业化、组织化项目，对以色列在农业供给侧方面所采取的经验措施进行调研学习，以借鉴以色列经验更好地调整优化我国的农业产业结构。具体来说，首先，能够为我国根据不同时期的农业发展需要，制定相应的农业配套政策提供国际经验，更好地发挥政策在农业发展中的支持和服务作用。其次，能够帮助我国根据国外市场需求的变化，相应调整我国农业生产结构，引导农业重点生产国外需求较高的农产品，实现农业在出口创汇方面的高增长。最后，帮助我国全面提升农业科技水准、农业劳动力素质，促进一、二、三产业融合互动，提高农业发展的质量和效益，实现农业产业结构的全面优化。

（三）培育绿色农业发展模式

水土资源高效利用是农业绿色发展的重点环节。以色列有着领先世界的水土资源工程，如北水南调工程和废水循环工程，对水土资源的合理利用使以色列在农业上取得了巨大的经济效益、生态效益和可持续发展效益。本书构造的热带农业产业化、组织化项目通过对以色列水土资源状况和农业水土资源利用状况进行考察和学习，总结归纳以色列农业绿色发展的经验，提出对我国农业绿色发展的启示和建议，加强我国农业水土资源的管理，建立资源自主节约机制。我国作为农业大国必须坚持走可持续发展的道路，通过大力推广以色列应用资源节约新技术来提高资源的利用效率，提升科技创新在农业方面的推广力度和应用水平，实现农业绿色发展在我国落地生根。

三、其他社会效益

（一）辐射带动热带"一带一路"沿线国家

海南在国家"一带一路"建设中负有打造国家热带农业科学中心、建设全球动植物种质资源引进中转基地、建设 21 世纪海上丝绸之路农业交流平台等重要使命。本项目能够帮助海南更好地发挥中央所赋予的政策优势和海南自身热带资源优势。通过学习以色列先进的农业国际化经验，助力海南更好地搭建交流平台，拓展合作领域，强化农业在对外交流合作中的作用，建设以海口和三亚为中心的"一带一路"节点基地，推进海南农业的国际化，发展"一带一路"+农业，使海南热带农业真正成为海南经济的一张王牌。本书构造的热带农业产业化、组织化项目能够将以色列科学严格的生产标准和生产方式引入海南，保证海南农业做到生产标准、产品、品牌以及基础设施的国际化，更好地满足国际游客的需求。随着"一带一路"沿线国家经济发展和人们消费水平的提高，必将对各种农产品产生巨大的需求，本项目学习引进以色列高效发达的现代化农业模式，可以帮助海南省农业全面现代化，提高农产品的国际竞争力，在多元的消费结构下满足更高的消费需求，在高端的、国际化的市场竞争中掌握主动权。"一带一路"的建设给海南提供了"两个市场、两种资源"的农业发展机遇，本项目能够帮助海南更好地把握发展机遇。

（二）助力自由贸易港探索

农业发展是海南自贸港建设的重要内容之一。海南的热带面积占了中国的近一半，在作物培育上有一年三熟的天然优势，许多农作物的育种基地建立在海南，但是海南农业目前还存在如热带特色高效农业比重有待提升、农业产业链不长、农产品附加值不高、销售渠道单一、基础设施薄弱、水资源调配能力不足等问题，本书构造的热带农业产业化、组织化项目或许会是破解这些难题的关键。通过将以色列高度发达的农业组织化、产业化发展体系以及其农业生产技术和农业产业化整合模式引进海南，可以加速海南省建设产业兴旺、生态宜居、乡风文明、治理有效、生活富裕的海南乡村的速度，加快海南成为全球性种业基地的发展速度，实现农业全面现代化，助力海南自贸港建设。

（三）深化农村农业体制改革

以色列稳定高效的农业体制对海南农业发展有很好的借鉴作用，本项目通过对以色列基布兹和莫沙夫两种主要的农业生产组织形式的实地考察，找出以色列农业保持土地承包关系和农业生产关系稳定的方法，并将其与海南实际情况相结合，得出一套适用于海南的农村农业体制改革方案，帮助海南在稳妥推进农村集体经营性建设用地入市和农村土地征收制度改革、保护农民的土地财产权益、提高农村各类资源要素的配置和利用效率、创新农业经营体系、构建现代农业经营体系、完善农业支持保护制度、健全“三农”投入保障制度、建立新型农业支持保护政策体系、深化农产品收储制度和价格形成机制改革、落实和完善对农民直接补贴制度、健全粮食主产区利益补偿机制、建立多层次农业保险体系、提高农业劳动力的素质和乡村社会文明程度等诸多农业体制改革上获得成功，在全省范围内进一步深化农业农村体制改革。

（四）促进自贸港现代产业体系构建

以色列稳定高效的农业体制有助于海南自贸港现代产业体系的构建，现代产业体系是现代化经济体系的核心，其发展水平是区域经济发展和综合实力的重要体现。在海南建设自由贸易港，是党中央着眼于国内国际两个大局、为推动中国特色社会主义创新发展作出的一个重大战略决策。加快推动海南构建现代产业体系是其中的重要一环，也是推动海南自贸港高质量发展的重要支撑。本项目助力农业、工商业、服务业等产业的现代化建设。本项目强化创新引领，聚集资源要素，走产业链延伸、价值链提升和供应链重组的发展道路，把资源优势转变成为产业优势。积极打造农业全产业链，拓展农业增值增效空间和农业功能价值，强化加工流通延链、科技创新补链、要素聚集壮链和业态创新优链，引导加工产能下沉重心，拉近产地销地距离，打通产业链供应链堵点，确保上中下游顺畅对接、安全对接，走产出高效、产品安全、资源节约、环境友好的现代农业之路，推动形成主导产业集聚、扶持政策集成、强县富民统一的农业发展格局。

第九章

热带农业产业化、组织化项目的生态环境效益

本项研究通过引进现代高效农业的先进理念，架构适合海南特色的农业组织模式，在生产过程中通过种苗培养和保障、精准的节水灌溉、科学的水肥管理、温室技术（设施农业）、农产品和农业废弃物的深度加工和循环利用等技术手段实现生产过程的可控，从而实现以“更少的资源，产出更好的农产品”的目标，同时实现生态环境效益的综合提升。

一、水资源高效利用产生的生态环境效益

（一）精准灌溉技术的应用

全世界的用水量70%~80%应用于农业生产，因此，农业灌溉的节水潜力巨大、意义十分重大。灌溉技术一般有漫灌（含畦灌、沟灌、淹灌等）、喷灌（含微喷灌）、滴灌（含地下滴灌）三大类，其对水资源的利用效率分别为30%~50%、70%~80%、90%~95%（地下滴灌可达95%）。不同的灌溉技术，其适用性不同，过程的可控性不同，系统需要的投入成本也不同，最后产生的综合效益也不同（取决于当地的水资源条件、政府管理方式、能耗成本和环境成本等多个因素），而喷灌和滴灌比较容易实现过程的自动化控制，特别是以滴灌为代表的灌溉过程可实现精准灌溉，并与水肥管理相结合。比如滴灌技术的应用，可将灌溉用水直接输送到作物的根部，并根据作物不同时期生长需要的用水量进行精确控制。因此，选用合适的节水灌溉技术，在满足作物生长需要的同时，可实现水资源的高效利用，减少水资源的浪费，其效益不但直

接体现在水资源的节约上，更重要的是可以带来一系列的间接效应和效益：

（1）涵养水源，降低人类与自然界竞争水资源，更好地保护野生动植物，保护河流、湖泊等水环境，减少生态补水的需求，提升水生态环境的质量。

（2）减少水土和肥料流失，努力解决农业面源污染这一环境难题，降低地下水污染风险。

（3）避免漫灌可能带来的土壤“返盐”现象，避免或减轻土壤盐碱化的发生。

（4）保持土壤表面相对干燥，改善土地环境质量，从而减轻病虫害的影响，降低农药使用量，并方便人类的耕作等。

（5）精准灌溉可保证作物受到均匀灌溉，植株生长均匀，即使在地形起伏的土地上也可实现均匀用水，从而保证农产品品质均匀，土地的使用性得到扩展。

（6）精准灌溉和水肥管理可保障作物对水分和营养的需求，实现无土栽培和设施农业的开展，减少作物对土壤的依赖性，有利于对劣质土地的开发利用。

这些直接或间接的效应都可以带来正面的生态环境效益，并在以色列、荷兰、印度部分区域等地区得到了证明。

课题组分别考察了以色列和印度贾尔冈县的农业生产情况。以色列的现代高效农业举世闻名，其核心就是以滴灌为代表的科学灌溉技术的不断研发和推广应用。自建国以来，以色列的农业生产增长了 12 倍，而每公顷土地的用水量仍保持不变，创造了沙漠奇迹，同时以色列的生态环境也在持续得到改善（这点和其周边相邻国家对比明显）。而有“香蕉城市”之称的印度贾尔冈县，年均降水量仅 670 毫米，主要集中在 6—10 月，却养活着 4800 人/平方千米的超高密度人口，香蕉的产量和品质均居印度之首，这其中以 Jain 灌溉系统公司为主导全面推行滴灌技术和水肥精准管理功不可没。

海南省农田灌溉用水量约占总用水量的62%，但农业用水效率低，每方用水粮食产量在0.7千克（而发达国家在2千克以上），按照《海南省水务发展“十三五”规划》中的数据，海南省农田（稻田）用水量为921立方米/亩，远高于全国指标392立方米/亩，农田灌溉水利用系数为0.563。除了海南省气温高，植物蒸发蒸腾强烈之外，节水意识不足，节水技术和设备落后，灌溉模式不合理是重要因素。近几年海南省每年都有新增高效节水灌面的任务在逐步落实，但具体采用什么技术、用于什么类型的田地、什么作物、效果如何、资金如何配套等情况尚不太清楚，但通过这些数据分析可知，海南省的农业节水潜力还有巨大的空间。通过本项研究对现代高效农业的推动与示范，有望在农业节水灌溉技术应用和水资源高效利用方面取得较大进步，并综合带动水肥管理精细化、农产品质量稳定化。另外，海南省的农业面源污染比较严重，造成河流湖泊等水环境污染、水源地污染难以根治，且治理工程的推进和治理效果不尽如人意。我们认为，解决农业面源污染的最好方案就是推进精准的水肥灌溉管理，尽量减少灌溉用水的浪费，减少肥料的流失。由于农业用水量大，涉及面广，带动效应明显，因此，本书提出的项目推进实施以后，预期可在水源涵养、减轻农业面源污染、提高生态环境质量、提高农业生产质量等方面，取得较好的生态环境综合效益。

（二）再生水回用于农业灌溉

再生水是污水（废水）经过适当的处理，达到要求的（规定的）水质标准，在一定范围内能够满足一系列生产、使用用途的水源。再生水水量和水质稳定可控、受季节和气候影响小，是一种十分宝贵的水资源。污水的再生利用和资源化具有可观的社会效益、环境效益和经济效益，已经成为世界各国解决水问题的必选途径。许多人认为，海南雨水充沛，水资源丰富，不太需要再生水回用，这是对水资源的联动效应理解不够而产生的认识偏颇。现对这个联动效应解释如下：水资源利用过程有取水和排水两个环节，取水往往意味着消耗优质的水资源，而排水则意味着在不同程度上污染优质的水资源（即使是经过处理的水也还是含有污染物的），也就是近乎双倍地消耗优质水资源。如果能实现水的循环利用，则产生的效益也是双倍的，既减少了对优质水资源的取用，也减少了对优质水资源的污染。再生水利用在海南还可降低污水处理厂深海排放对近海水环境的污染，并有节能减排的效益，和海水淡化、跨流域调水相比，具有明显的优势。从经济的角度看，再生水的成本最低；从环保的角度看，污水再生利用有助于改善生态环境，实现水生态的良性循环；再生水回用于农业生产，可以避免污水处理厂因脱氮除磷需要而产生的巨额运行费用，在水回收、氮磷等营养物质的回收利用上产生可观的经济效益。可见，再生水合理回用既能减少水环境污染，又可以缓解水资源紧缺的矛盾，并带来可观的效益，是贯彻可持续发展的重要措施。

课题组考察的两个国家以色列和印度，在再生水循环利用方面呈现两极分化的现象。以色列对再生水的利用达到90%以上，居世界第一，并在法律上对污水作为水资源进行管理，为其在沙漠中取得农业奇迹作出了很大的贡献。而印度目前基础建设非常落后，大多数城市没有污水处理厂，如我们考察的贾尔冈县城就没有，故还谈不上利用再生水进行农业灌溉。

按照《海南省水务发展“十三五”规划》中的数据，海南省再生水利用率在“十二五”期间为6%，低于全国的16.5%的水平，“十三五”规划要求海南达到15%（全国达到20%），因此任务还非常艰巨，而且就算实现了15%的目标，与全国和世界水平相比，仍属于落后水平。并且，目前海南省的再生水主要用途是工业循环用水、城市杂用水和生态补水，量的增加难度比较大。只有回用于农业生产，再生水回用才能达到增量效果，且潜力巨大。再生水回用于农业生产在海南可极大减少对优质水资源的取用和污染，减少对近海水域的污染，有望明显提升水生态环境质量。同时，在冬春干旱季节缓解水资源匮乏问题，保证农业生产顺利进行。

再生水回用于农业生产的难题也很明显，主要是城镇污水处理厂设计建造时并没有考虑再生水回用的需求，在选址和管道系统建设上均有缺陷，一时难以弥补。当前海南省正在大力推进农村污水治理项目，希望在系统设计上就充分考虑再生水就地回用于农业生产。再生水回用的另一个难题是长期灌溉可能产生的盐分和抗生素等微污染物的累积，但世界上（如以色列、西班牙、新加坡等）成功应用的例子证明，通过精细管理和先进技术应用这些问题均可解决。通过本项目的实施，如能在再生水回用于农业生产方面进行示范，探索合理的回用模式，则可进一步提升海南省的生态环境质量，综合环境效应可观。

二、节肥减药的生态环境效益

一直以来，资源与环境，是农业发展的两道紧箍咒，资源与环境对海南省农业约束力日益加大。目前海南省耕地平均复种指数达 200%，农药、化肥过量施用，土壤酸化、农业面源污染亟待治理，地力也呈下降趋势。农业面源污染主要存在于农村生活和农业生产活动中，农田中的土粒、氮、磷、农药残留物、秸秆、农村禽畜粪便与生活垃圾等有机或无机物质，从非特定的地域，在降水和径流冲刷作用下，通过农田地表径流、农田排水和地下渗漏，大量进入河流、湖泊、水库、海湾，从而导致水环境污染。由于农业生产中施入土壤的肥料和喷洒的农药一般无法 100%被作物吸收，存在利用率问题，故化肥和农药残留是一个必然存在。一般化肥中氮肥利用率为 25%～40%，磷肥只有 20%左右，钾肥可达30%以上。海南省目前农业面源污染主要来自于畜禽养殖、种植业和农村生活垃圾，主要源头有：农药、化肥、地膜、农家肥（从外省大量购入）、养殖废弃物、秸秆等。大量残留农药、肥料、地膜等储蓄在地表土层中，不仅造成农业面源污染，还污染了江河湖泊地表水和地下水，给海南省绿色农业的可持续发展带来隐患，也给群众的身体健康带来隐患。因此，政府也积极采取行动，2017年，海南省实施化肥农药减施行动，实现农药使用量连续两年零增长、化肥施用量增幅连续两年下降。

本项目通过推动精准的水肥灌溉管理技术和生产过程的可控性实施，不仅可减少水资源和肥料的浪费，还可极大地减轻农业面源污染，同时提高农产品的质量保障。比如滴灌技术的应用，可同时将肥料配制成溶液与灌溉水一起直接输送到作物的根部（即水肥一体化），并根据作物不同时期生长需要进行精确的水肥控制，可提高化肥的利用率，减轻多余肥料随水土流失而产生污染，是控制化肥造成的农业面源污染的最佳途径。精准的水肥管理还可保持土壤表面相对干燥，改善土地环境质量和作物生长环境，从而减轻病虫害的发生，降低农药使用量，并方便人类的耕作等活动。科学的耕作制度，可有效防止病虫害的发生，比如印度香蕉的种植大多采用仅种植一季的方式，然后轮作或休耕，从而甚少使用农药。农业设施大棚的使用，可将生产场地与外界进行物理隔离，使其内部空间管理能力大大提升，过程的可控性增强，在病虫害防治、生物防控技术应用上提供方便。这样，可继续推进海南省节肥减药，节肥减药可使农业面源污染缓解，其好处还体现在可持续改善土壤环境质量、提升农产品品质、提高市场竞争力、增强抗市场风险能力、减少滞销的概率，从而减少因滞销带来的资源、人力和财力浪费，这也是生态环境效益的综合体现。

三、可循环利用生产资料使用与农业废弃物循环利用生态环境效益

（一）农业废弃物循环利用

如前所述，农业面源污染也包括地膜、养殖废弃物、秸秆等的污染。养殖废弃物、秸秆等农业废弃物也是资源，其中含有丰富的营养物质和有用成分。比如我们考察的印度贾尔冈县是香蕉产区，为防止病虫害的发生，其 75%～80% 的香蕉种植仅有一季。对大量的香蕉秸秆残留，他们的做法是进行秸秆回收，将其中的纤维成分分离出来，用于制造布或纸，其余部分用于发酵堆肥，最终变成有机肥返回农业生产。其他农业废弃物的回收利用工作他们也做得很好，研发了专用的处理加工设备，将废弃物最后加工成有机肥低价回销给农民。以色列的农业废弃物回收利用也做得很好，这种方式促进了农业生产的可持续性。

2017 年，海南省全面划定了畜禽禁养区、限养区、适养区，推动 297 家规模养殖场完成环保改造，新建有机肥加工中心 4 个，畜禽粪污综合利用率从 30% 提高到 45.3%，并积极推动“猪—沼—菜”“猪—沼—电”等多种模式的生态循环农业，不仅使农业废弃物得到资源化循环利用，同时也提升了农业经济质量和效益，保护了生态环境。

农业废弃物资源化利用是改善环境污染、发展循环经济、实现农业可持续发展的有效途径。项目实施需要系统性的综合设计，以提高农业生产过程的可控性。应充分考虑农业废弃物资源化利用的安排，表现在对地膜、农家肥、养殖废弃物、秸秆等使用和回收过程中进行科学合理的设计，并进行相关技术的研发和设备制造，加快成果转化，从而减少或避免由农业废弃物带来的面源污染，为解决农村环境脏乱差、建设美丽宜居乡村进行试验示范，也是应对经济新常态、促投资稳增长的积极举措。

（二）可循环利用生产资料的使用

可循环利用农业生产资料包括废旧农膜、废弃农药和化肥包装物（塑料袋、塑料瓶、玻璃瓶等）、灌溉用水管及辅助材料等，从技术上讲还有太阳能等新能源的使用、温室大棚技术等。这些废弃物乱堆乱放，甚至与秸秆一起随意焚烧，流入土壤后分离困难，长期分解后滞留在土壤中，形成微塑料颗粒等新型污染，降低了土壤品质，形成农业面源污染，也给城乡生态环境造成了严重影响。比如，地膜覆盖后，可保肥、保湿、保温，为农作物生长营造一个良好的生长环境，但农膜当季回收率不足2/3，灌溉用水管等设计使用寿命有的仅有一年，形成严重的塑料污染。对这些材料的使用需要对其品质和寿命进行重新考虑，什么模式才是最佳的？不管怎样，任其残留在田间地头污染土壤和环境肯定是不允许，也是不可持续的。

课题组考察的以色列和印度贾尔冈县一样大量使用滴灌技术，也大量使用农膜，但他们的田间地头没看到有塑料残留（印度的城市和道路两边的塑料污染却非常严重）。经询问，他们的滴灌水管使用寿命保证10年，介绍说实际可达20年，农膜的质量也非常好，用完可实现全部回收。这与我国特别是农村地区劣质产品大行其道，“劣币驱逐良币”的现象形成了鲜明的对比。劣质产品的生产加工过程中，其消耗的原料、能耗、人力、物力，一点不比生产优质产品少，甚至更多，但其使用寿命却非常低，实际上就是在加速制造垃圾，浪费资源。这种情况应该到了予以制止的时候，解决的途径有两个：一是生产使用优质长寿命的产品，实现回收利用，减少垃圾产生的总量，同时还可减少生产需要的原料、能源等资源消耗；二是使用可降解材料进行替代，这方面的研究和生产也很多，但推广应用似乎不太顺利。比如三亚南繁院引进了三种可降解地膜，用完可自动降解，不会对土壤造成危害，2017年进行了小规模示范。

而太阳能等新能源技术的使用，也是目前海南省正在大力推进的生态文明建设新举措，海南省阳光充足，利用太阳能板提供能源给灌溉设备使用好处多多。良好的农业大棚有以下技术先进性：①高度专业化。种植上可以进行精准控制，如灯光管理、温度管理、水肥管理和二氧化碳管理，也为高度的信息化管理提供基础。②高度自动化。在高度专业化基础上，采取电脑中心控制室调配的方式进行管理。③先进的能耗管理。严格按照规定给予光/热调控，积极研究玻璃材料和太阳能等新能源系统。④先进的水肥管理。温室系统也可采用无土栽培，营养液配方完全分阶段适合植物生长所需，营养液完全回收利用，避免环境污染和生态负担。⑤先进的生态理念。通过温室种植，可以与外界环境物理隔离，从源头上极大减少病虫害，从而极大降低农药施用量，生物防治病虫害的方式容易实施。因此，打造适合海南的牢固、智能化节能型的新型大棚，所能带来的综合环境效益也是不言而喻的。其中的难题在于成本和抗台风能力。

综上所述，本项目通过实施节水灌溉、精准的水肥管理、畜禽废弃物综合利用、化肥农药减施、田间清洁工程、秸秆综合回收利用等行动，可实现就地消纳、能量循环、综合利用，并在研发与生产过程中完成技术集成、因地制宜的使用，可探索构建农业废弃物资源化利用的有效治理模式，实现创建生态循环农业示范，为海南省的生态文明建设贡献力量。

四、对海南生态文明建设的积极影响

中央 12 号文件明确了海南作为“国家生态文明试验区”建设的战略定位。因此必须牢固树立和践行绿水青山就是金山银山的理念，坚定不移走生产发展、生活富裕、生态良好的文明发展道路，推动形成人与自然和谐发展的现代化建设新格局，为推进全国生态文明建设探索新经验。海南省地处热带地区，设施农业相当落后，蔬菜生产受到自然环境的严重影响，比如海南省土壤以贫瘠的酸性红土为主，种植户为提高产量大量施肥带来较严重的环境负担；海南省蔬菜生产在夏季高温期间几近停滞，露天种植蔬菜品种均难以抵御热浪侵袭；而农作物在面对热区高发病虫害危机时也常常通过增加农药施用应对。这些都是在海南省农业发展要达到我国现代农业发展减施增效的目的所必须克服的难点。

生态循环农业发展有三大关键词：保护生态、节约资源、产业循环，每个关键词都表明，生态循环农业发展理念与海南省生态文明建设相嵌相合，是最适合海南绿色经济发展的路子。去年底召开的全省经济工作会议提出了要以供给侧结构性改革为主线，做优做强农业产业，生态循环农业是农业提质增效、持续保证供给质量与效益的基础之一。

借鉴以色列、荷兰等国的“产—政—研”机构的发展，促进适合海南本地环境的设施农业建设，降低蔬菜生产对自然条件的依赖，可能为海南省农业发展提供帮助。海南省要实现建立生态强省的目标也可以借鉴以色列和荷兰的生态农业理念。在农业排放物质的重复利用、病虫害防控的物理和生物机制等方面，以色列、荷兰也有很多值得学习的地方。生态调控技术可结合海南具体情况，形成具有海南特色的果蔬生态调控技术体系，并在生产中推广应用。本项研究通过现代高效农业在海南合适的模式探索和示范，达到资源高效利用、水肥浪费减少、农药使用降低、产品质量稳定、品种持续改良等目的，从而实现销售稳定、农民增收，进而实现人类生活和生态环境的和谐、可持续发展。

第十章

热带农业产业化、组织化项目实施风险与控制

热带农业产业化、组织化项目的实施在带来积极效应的同时，也在诸多方面带来挑战。本章通过对此项目的不确定性和风险要素的充分、系统而又有条理的考虑，确定项目的单个风险并进行综合评价，主要从知识产权与技术转让、农业生产过程、投融资、信息安全和生态环境等方面进行了风险分析，并提出风险防控建议，以保障项目的顺利实施。

一、知识产权与技术转让风险分析

本项目研究拟推进的实施项目涉及种子、农业技术及生产设备的进口和研发，同时还涉及农产品的生产和销售等问题。根据《中华人民共和国专利法》《中华人民共和国商标法》《中华人民共和国进出境动植物检疫法》《中华人民共和国植物新品种保护条例》《中华人民共和国技术进出口管理条例》《地理标志产品保护规定》《中国禁止进口限制进口技术目录》《集体商标、证明商标注册和管理办法》《农产品地理标志登记审查准则》等相关法律法规的规定，本项目的合作可能存在以下知识产权与技术转让风险。

（一）农作物种子进口和研发风险

本项目实施过程中涉及火龙果、甜瓜、芒果、豇豆等农作物种子的进口问题，其可能存在的风险有：第一，农作物种子进口的侵权风险。农作物种子的育种人在我国可以享有品种权，即经过人工培育或者对发现的野生植物加以开发，具备新颖性、特异性、一致性和稳定性并有适当命名的植物品种，国务院农业、林业行政部门可对完成育种的单位或者个人授予品种权，这种权利具有排他性和独占性。权利人能够禁止或授权以商业为目的生产或销售该品种的种子，或以商业目的将该品种的种子重复使用于生产另一品种。农作物种子进口涉及品种侵权问题。第二，农作物种子进口的管理风险。农业种子进口主体必须向国务院农业、林业行政部门申请取得种子生产经营许可证，且进口种子需向国务院动植物检疫机关提出申请，办理检疫审批手续进行检疫，防止病虫害传入境内，同时进口种子必须达到国家标准，对于劣质种子不得进口。第三，农作物种子研发管理风险。绿创院不仅进口种子，同时具有研发能力，其研发的新品种如果不及时申请品种权，存在被他人抢先注册的风险，同时也存在注册之后被他人侵权的风险。

风险防控建议：在农作物种子进口方面组织技术和法律专家筛查进口种子，确保其不侵犯我国已有植物新品种权；向国务院农业、林业部门申请植物新品种权，并在农作物种子进口合同中约定品种权的使用许可或权利转让等问题；本研究提出的绿创院项目，需向国务院农、林业部门申请种子生产经营许可证，并且向国务院动植物检疫机关申请检验检疫。农业综合研发公司对自身研发的植物新品种应积极申请品种权，同时采取措施保护自有的植物新品种权。

（二）农业生产设备进口知识产权侵权风险

本项目实施中需要进口农业生产设备，设备进口存在一定知识产权侵权风险：第一，专利侵权问题。由于专利权的地域性和独占性等特点，本项目中的二级公司在进口农业机械设备时可能存在侵犯我国已有专利权的风险。专利侵权将会导致知识产权纠纷，其后果是在我国海关无法通关，或在我国境内导致专利侵权诉讼。第二，商标侵权。商标权与专利权同样具有地域性和独占性特点，相关农业生产设备的进口同样存在商标侵权风险，其后果与专利侵权相似，即在我国海关无法通关或导致商标侵权诉讼。

风险防控建议：进口农业生产设备之前向中国知识产权局和商标局查明是否存在侵犯我国已有专利权和商标权的情形；在签订农业生产设备进口合同中明确规定对方的知识产权担保义务，并约定由于知识产权侵权所造成的损失，由设备的出口方承担全部责任。

（三）农业生产技术进口和研发风险

本项目实施中，需要引进农业生产技术，其可能存在的农业技术进口风险有：第一，是否为禁止进口技术。《中国禁止进口限制进口技术目录》中规定了“禁止进口技术”，进口“禁止进口技术”可能涉及走私罪、非法经营罪，不构成刑事犯罪的会受到海关行政罚款、国务院外经贸主管部门的处罚。第二，是否为限制进口技术。《中国禁止进口限制进口技术目录》规定了限制进口目录，根据《中华人民共和国技术进出口管理条例》第十一条规定，如果是限制进口技术，需要向国务院外经贸主管部门申报审批：在对外签订技术转让合同前，需获得由国务院外经贸主管部门发放的技术进口许可意向书；签订合同后，需向国务院外经贸主管部门提交技术进口合同副本及有关文件，申请技术进口许可证。第三，是否属于自由进口技术。属于自由进口的技术需要向国务院外经贸主管部门进行登记，并且技术进口合同中不能有《中华人民共和国技术进出口管理条例》中规定的限制性条款，不得出现在合同中的限制性条款主要有：要求受让人接受非技术进口必不可少的附带条件，包括购买非必需的技术、原材料、产品、设备或者服务；要求受让人为专利权有效期限届满或者专利权被宣布无效的技术支付使用费或者承担相关义务；限制受让人改进让与人提供的技术或者限制受让人使用所改进的技术；限制受让人从其他来源获得与让与人提供的技术类似的技术或者与其竞争的技术；不合理地限制受让人购买原材料、零部件、产品或者设备的渠道或者来源；不合理地限制受让人产品的生产数量、品种或者销售价格；不合理地限制受让人利用进口的技术生产产品的出口渠道。第四，农业生产技术的专利权风险。绿创院研发的农业技术如果不及时申请专利，存在被抢先申请的风险，同时已经获得的专利也存在被侵权的风险。

风险防控建议：针对禁止或限制进口技术的法律风险，需要组织技术专家评估进口技术是否属于《中国禁止进口限制进口技术目录》范围。如果属于禁止进口技术，则不能进口。如果属于限制进口技术，则需要组织技术和法律专家向国务院外经贸主管部门进行申报，取得技术进口许可证。另外，针对技术进口合同的法律风险，在和以色列签订合同时需要注意，不能在合同中含有《中华人民共和国技术进出口管理条例》规定的限制性条款。合同签订后需要向国务院外经贸主管部门进行登记。绿创院应及时进行专利的境内外申请，同时采取措施防止专利侵权。

（四）农产品商标、地理标志和包装管理风险

本项目实施中，绿创院需要打造海南农产品的品牌，只有符合一定标准的农产品才允许在绿创院指定的工厂包装并贴牌。包装贴牌环节涉及农产品的商标、地理标志和外观设计等知识产权管理问题。商标、地理标志和外观设计的功能在于区分和识别，有助于打造产品的品牌，获取竞争优势，获得消费者认可。如果商标、地理标志和外观设计没有申请注册，会存在被侵权风险。

风险防控建议：绿创院组织专门人员进行品牌和包装设计，同时进行宣传推广。向商标管理局进行商标和地理标志的注册申请；向国家质检总局进行地理标志申请；向知识产权局进行外观设计申请。由于本项目下的农产品不仅在国内市场销售，还远销境外，因此，有必要积极进行商标、地理标志和外观设计的境外申请。

二、农业生产过程风险分析

（一）农户合作风险

本项目中的二级执行公司合作对象有农户、农业合作社、农业公司，此处简称为农户，实际上农户包含了广义的农业生产主体。二级执行公司在与农户合作的过程中，主要存在的风险是合同风险。主要涉及：①合同的有效性问题。二级执行公司与农户签订合同应该符合有关法律的规定，确保合同的有效性。②违约风险问题。合同的内容涉及种苗购买、技术指导、病虫害防治、设备配套、农产品质量检验、包装和贴牌等问题。但由于农户、农业合作社、农业公司三个主体本身有较大差异，其违约风险有所不同。

风险防控建议：双方签订合同时，需要尊重当事人的意志，防止违背真实意愿签订合同的情形。针对不同的合作对象，二级执行公司应聘请专业律师制定合作范本，设置合理的违约责任条款。同时注意合同范本的内容，避免出现霸王条款。

（二）土地流转风险

因本项目合作范围为农业生产与经营，故涉及的土地类型主要为农业用地。农业生产可能涉及的土地有农户种植使用的土地、农业合作社种植使用的土地和农业公司种植使用的土地。在本项目模式下，农户种植使用的土地、农业合作社种植使用的土地不涉及土地流转问题，不存在土地流转的风险。而公司种植使用的土地主要是以土地流转的方式取得，因此可能存在农地非农化等土地流转后的风险。根据当前中国农业规模化生产经营模式，主要分为“公司+基地/合作社/中介+订单”的

“订单”模式和农地直接流转给第三方的“土地经营权流转”模式。“订单”模式通常项目方同村委会、集体经济合作社或农民签订订单合同，这种模式实际上并不涉及土地流转，也基本不存在土地用途与土地权属变更的风险，在法律上是可行的。采用“土地经营权流转”模式将项目用地直接流转到经营方，使得项目方能够全面控制项目用地使用权与自主经营权。农民以雇工的形式参与生产，投资风险小，收益稳定。但是，在项目合作过程中，可能存在订单合同的签订不规范、内容不详细、程序不完善、运作不规范等问题，导致实践中出现项目方撤资、农民毁约的现象，以及农地资本化流转存在着农地非粮化、非农化风险、强制流转风险、经营风险失控的风险、市场信息不完全风险、农地流转合同的履行风险等。

风险防控建议：根据《中华人民共和国农村土地承包法》规定，农地承包方享有依法流转土地经营权的权利。承包方可以自主决定依法采取出租（转包）、入股或者其他方式向他人流转土地经营权，并向发包方备案。《农村土地承包经营权流转管理办法》规定农地流转的五种基本形式，即转让、转包、互换、入股、出租等。在当前法律领域农地“所有权、承包权、经营权”三权分置的背景下，以“土地经营权流转”为基础的流转方式，是家庭农场、龙头企业、农业股份合作社、土地信托等典型规模化经营过程中的主要方式。因此，本项目实施中要确保农地农用，即不能改变农地的用途。

（三）自然风险

现代农业生产在技术上虽然已经能够克服自然条件对其的限制，但从根本上讲，农业生产还是要依赖于自然条件，人为的技术能力还无法完全抵御自然界的各种灾害。就海南省的农业生产自然条件来说，海南的农业生产具有典型的热带、亚热带特色，农作物也多以热带、亚热带的作物为主。海南的自然灾害主要有：第一，台风。海南每年 5—11 月是台风多发季。其中 6 月、7 月、8 月、9 月台风登陆海南岛的频率较高，对农业生产的影响和破坏也是最大的。第二，暴雨。暴雨时节的持续性降水，可能会导致农田积水，排水不力会让农作物根部腐烂，严重破坏农作物的生长。第三，霜冻。虽然海南处于低纬度地区，常年气温较高，但也经常受到北方冷空气南下的影响，出现气温骤降的情况，突然的降温可能会冻伤已经种植的农作物，造成霜冻灾害。第四，病虫灾害。不同类型的农作物会有不同的病虫灾害发生，影响到农作物正常生长，造成损失。

风险防控建议：首先，积极参加农业保险。目前海南省已经开展了农业保险补贴，建议农户购买农业保险。其次，建立自然灾害预警机制。通过运用气象卫星等科学手段，对可能发生的农业自然灾害及其危害程度提前预测并告知农户，使之提前采取预防措施。最后，根据不同类型的自然灾害，制定专门的应对方案和措施，如针对台风，可以在有条件的情况下选择在山区或者避免在沿海地区种植农作物；针对降水，可以在农作物种植之前修缮土地的排水设施，或及时配套排水设备；针对霜冻，可以在降温来临前及时搭建临时温棚等，尽可能降低自然灾害对农业生产造成的风险。

（四）社会风险

农业生产中的社会风险，主要是指个人或者集体的社会行为引起的风险。具体来说，农业生产的社会风险有以下几个方面：一是农业生产资料的风险，如出售劣质的种苗、化肥等引起的风险；二是政府的行政干预行为，如政府发布不符合市场规律的指令，导致种植出来的农产品市场过剩的风险；三是污染行为造成的风险，如化学物质泄漏造成农作物死亡的风险；四是农业政策风险，如政府制定的农业政策不科学，对农业产业造成的风险。

风险防控建议：第一，绿创院应对生产资料提供者严格把关，拒绝不符合条件的生产者成为二级执行公司。第二，政府应转变管理方式，减少对企业的行政干预。第三，海南工业企业很少，意外污染对农业损害的风险较小，但要预防油气运输等污染农田的可能，加强对污染源的管控。第四，政府要因地制宜，制定适当的农业政策，并保持农业政策的稳定，避免不当的农业政策对农业生产造成的风险。第五，设立农业生产意外事件保险，为社会风险导致的农业生产损失提供保障。

（五）农产品质量安全风险

农产品质量安全，指农产品的可靠性、使用性和内在的价值，是农产品在生产、贮存、流通和使用过程中形成并残存的营养、危害及外在特征因子，有等级、规格、品质等特性要求，也有对人体、环境的危害程度的要求。本项目实施中，可能存在的农产品质量安全风险如下：一是农产品的农药残留风险。农药的使用是提高农产品产量，保证农产品质量的一种方法，适量的农药有利于农作物的生长，但是过量使用农药，可能会让农产品中的农药残留超标，危害到人体健康。二是农产品质量标准风险。本项目种植的农产品在销售出口过程中可能存在不符合UNCEC、OECD、CAC等国际性标准的风险。三是农产品流通过程中包装、保鲜及储存过程中所使用的包装材料不卫生，添加的防腐剂残留等可能存在的农产品的质量风险。

风险防控建议：首先，农户在生产过程中要严格遵守《中华人民共和国农产品质量安全法》的规定，控制农业生产过程中的农药用量，减少残留。其次，在农产品销售前进行达标检测，对符合国内标准的产品准予销售，符合国际标准的产品准予出口。最后，采用先进的保鲜技术，使用绿色环保的保鲜包装材料，防止防腐剂超标使用等。

三、投融资风险分析

（一）股东入股的风险

本项目实施中，需要成立绿创院，该公司股权成分比较复杂，可能涉及如下风险：第一，公司性质的选择。根据我国相关法律的规定，企业形式主要分为股份有限公司、有限责任公司、合伙三种，不同的公司性质，需要根据不同的法律规定设立，其法律风险也不同。第二，公司股份构成。绿创院的股份性质没有限制，其股权性质可能会包括外资股、国有股、私营企业股、个人股等。外资参股和国有资产参股都会涉及较多的法律风险，包括外资参股比例、经营范围的限制、审批等。

风险防控建议：公司性质建议参照有限责任公司的形式；该公司责任形式为有限责任，有限责任公司为封闭型公司，公司股东之间的关系容易控制。因为有外资入股，该公司为中外合资经营企业，根据《中外合资经营企业法》的规定，外资股不能低于25%。国有资产入股时需要依据法律程序审批。若设立政府投资基金，需要按照《政府投资基金暂行管理办法》的规定，避免国有资本投资的法律风险。

（二）外资准入风险

根据《自由贸易试验区外商投资准入特别管理措施（负面清单）》（2018年版）农、林、牧、渔业中关于种业的特别管理措施，有以下几个方面：第一，小麦、玉米新品种选育和种子生产需由中方控股；第二，禁止投资中国稀有和特有的珍贵优良品种的研发、养殖、种植以及相关繁殖材料的生产（包括种植业、畜牧业、水产业的优良基因）；第三，禁止投资农作物、种畜禽、水产苗种转基因品种选育及其转基因种子（苗）生产。该项目实施中，在现有的法律框架下，还要考虑到负面清单的限制规定。绿创院如果是中外合资经营企业，涉及外资准入问题，因为目前海南自由贸易试验区对外国投资者还没有完全给予国民待遇，外国投资者投资种子研发存在一定风险。

风险防控建议：绿创院不要以中外合资经营企业形式组建，以色列公司可以以二级执行公司的身份参与该项目的实施，避免由于外资股份的存在影响绿创院的经营范围。随着自由贸易港建设的推进，外商投资企业的国民待遇会逐步实现，如有必要再通过股权转让的方式吸收外资企业入股。

（三）金融风险

金融风险指在本项目实施中，绿创院在资金运作方面可能存在的风险。公司化的运行方式需要足够的资本才能支持本项目的运作，除了股东的出资作为绿创院的资金来源外，公司的融资也是资金来源的重要方面。在本项目中，融资的风险主要有银行贷款的风险和知识产权融资风险。银行贷款的风险主要是公司向银行贷款后，因为偿还能力不足可能带来的风险；知识产权融资风险主要是公司运用农业知识产权质押或者证券化向金融机构或者社会进行融资带来的风险。这些风险可能导致绿创院在无能力清偿债务时进入破产清算程序，导致整个项目的失败。

风险防控建议：在项目实施过程中，在向银行贷款前提供充足的贷款担保，降低银行贷款的风险。知识产权是绿创院的重要资本，知识产权融资主要有两种形式：一是知识产权质押；二是知识产权证券化。特别是在自由贸易港建设中，知识产权融资有很大的发展空间，其符合自由贸易港发展的战略目标，同时也有相关的政策法律支持。

四、信息安全风险分析

该项目的实施中，绿创院会掌握与该项目有关的气候、土壤、水文、生物基因等信息，所有公司股东，包括以色列方，都会掌握这些重要的农业信息数据，而这些重要信息可能涉及国家秘密，因此该项目实施涉及信息安全风险问题。结合《中华人民共和国保守国家秘密法》《中华人民共和国水文条例》《涉外气象探测和资料管理办法》《非主要农作物品种登记办法》《农用地土壤环境管理办法（试行）》《农业部信息公开规定》《国家秘密及其密级具体范围的规定》《农业信息秘密目录》等法律规范的相关规定，本项目实施中，可能涉及的信息数据保密法律风险有以下几类。

（一）气象信息数据保密风险

气象信息数据主要包括了气温、降水等信息数据，以及受其影响引发的台风、暴雨、霜冻等可能影响农业生产的异常天气现象发生的一般规律。气象信息数据与农业生产密不可分，直接影响到农业生产的计划调整。如海南岛地处热带北缘，属热带季风气候，长夏无冬，年均气温大约在 15℃～26℃。海南岛年均气温最高的地方为南部沿海区域，气温大约在 24℃～26℃，气温稳定，非常适合农业生产。夏秋季节为台风登陆季，大约集中在 5—10 月，主要从海南岛东部沿海登陆，容易对海南岛东部沿海地区的农作物生产造成毁灭性打击。其余地区在台风多发季或者冷暖空气对流期间，可能会受到持续性强降水的影响，造成农业生产减产。冬季，因受到北方冷空气南下等因素影响，气温阶梯式骤降，引发农业生产的冻害。

风险防控建议：根据《涉外气象探测和资料管理办法》的规定：境外组织、机构和个人在我国领域和我国管辖海域内从事气象探测和气象资料的提供、使用和交汇等活动，应当与我国的有关组织合作进行，并遵循相关法律规范。建议本项目的合作过程中，由海南省气象信息数据管理部门负责提供农业生产或者技术研究所需要的气象信息数据，严格执行国家相关的保密法规，降低气象信息数据保密的风险。

（二）土壤地质资料保密风险

土壤地质资料主要包括土壤成分、土壤肥力、土壤环境、土壤酸碱盐程度以及不同类型土壤的分布和平原、山地、丘陵等适宜于进行农业生产的地质资料。这些资料是从事农业生产活动的基础，在这些土壤地质资料的基础上，才能判断在什么地方适合哪种农作物的生产，并且可以预算出这些农作物生产的规模大小，以及未来农产品的产量。可以说，土壤地质资料是整个农业生产活动中最核心的信息数据，如果以色列掌握了上述土壤地质资料数据，便掌握了整个海南岛农业的基本情况，若发生信息泄露，被有目的、有针对性地利用，可能会对海南省的整个农业产业带来风险。

风险防控建议：根据《农用地土壤环境管理办法（试行）》的规定，县级以上地方环境保护主管部门、农业主管部门应当按照国家有关规定，在本行政区域内组织建设和应用农用地环境信息系统，并加强农用地土壤环境信息统计工作，健全农用地土壤环境信息档案，定期上传农用地环境信息系统，实行信息共享。根据《国土资源数据管理暂行办法》的规定：未经批准，不得擅自提供涉密数据和内部数据。建议本项目在合作过程中，对土壤环境信息数据调取的申请和使用要加强信息保密的审查，对合作项目中使用土壤环境信息数据的各个环节加强保密监督，防范涉及国家安全、国家秘密的重要数据泄露。

（三）水文信息资料保密风险

水文信息资料主要包含河流分布、水质、水温、蒸发量、土壤含水量、地下水位、水体泥沙含量、海水倒灌情况。水文信息也是农业生产活动中不可缺少的部分，直接影响到农业生产的灌溉以及洪涝灾害等问题。就本项目涉及的水文信息资料而言，一般的水文信息资料的掌握是农业生产活动正常进行的保障，特别需要注意的是水源性质的水文信息资料，除了保障正常的农业生产活动，还关乎城市用水的保障，以及海南省水资源的战略储备。所以，这部分水文信息资料存在较高的安全保密风险。

风险防控建议：根据《中华人民共和国水文条例》的规定，基本水文监测资料应当依法公开，水文监测资料属于国家秘密的部分，对其密级的确定、变更、解密以及对资料的使用、管理，依照国家有关规定执行。根据《国土资源数据管理暂行办法》的规定，国土资源涉密数据的管理、服务，按照保守国家秘密法有关规定执行。建议在本项目的合作过程中对可能在农业生产过程中使用到的水文信息资料，根据处理涉外活动过程中国家安全保密的需要，先确定密级，然后再按照有关信息保密法律规定申请使用相关的水文信息数据，以最大限度地降低信息安全风险。

（四）农作物基因信息资料保密风险

农作物的基因信息对于农作物品种的改良、提升产量、提高抗虫害能力等特性具有重要意义。目前，农作物基因工程的开展，就是建立在对农作物基因信息的全面掌握基础之上，一些农作物新品种的研发，也和农作物基因密切相关。本项目实施中，会涉及农作物基因的改良等先进的农业生产技术，在该技术研发和交流过程中，可能存在农作物基因信息泄露的风险。同时也存在农作物基因信息的非法利用风险，若将污染后的农作物基因在原生农作物基因物种间传播，会造成整个农作物种群的污染，危害农业生态安全。

风险防控建议：按照相关法律准则，结合项目实施的实际需求，建立适合海南省自由贸易特色的种子资源、品种及遗传信息保护机制。其中，包括对自有种质资源和引进种质资源的鉴定，在此基础上建立DNA分子指纹图谱数据库，并长期对所有进入海南省DNA分子指纹的资源进行收录。这也契合农业部在2015年农种发1号文件中所指出的，要充分利用先进生物技术和物联网等信息技术，建立品种DNA身份信息数据库和全国统一查询平台。在此政策背景下，可以通过以下三步走的形式，在本项目的框架下，建立起相关作物的数据库，并为国家数据提供资料。首先，针对所选定作物，收集国内已有种质资源，通过SSR和SNP分析，建立DNA分子指纹基础数据库，并分析优良性状产生基因，申报获得国家发明专利以进一步完善保护机制。其次，针对新引进海南的相应农作物品种，均严格建立起SSR和SNP指纹图谱并录入数据库；分析其中是否有不符合中国法规的转基因成分。最后，在本项目实施过程中，科研人员培育出的新品种，在申报国家品种保护的同时，也将品种分子指纹图谱列入数据库。通过DNA指纹图谱的建立，可有效利用权威、精准和快速的手段，保护种质资源拥有者的合法权益，符合外向型和法制型农业经济发展规律，鼓励一线科研和技术人员进行科技创新，避免种质资源栽培和扩散过程中的法律纠纷。

五、生态环境风险分析

农业生产与生态环境相互依赖、相互影响。我国农业生产对生态环境的保护重视程度不够，农民生产缺乏生态环境保护的意识。在种子引进方面，农户更倾向于选择市面稀少的新品种，一般来说，新品种经济价值高，市场稀缺，但存在外来生物入侵的隐患。在农业生产过程中，在农作物病虫灾害治理方面，农民通常会大面积地使用农药来解决这一问题，而在产量提高方面，农民通常会通过大量使用化肥来提高单位面积内农作物的产量。而缺失生态绿色的方法从事农业生产活动，直接导致的后果就是土壤的肥力下降，过量施肥和大面积使用农药使得农作物生存的环境中可能会存在部分土壤元素存留过量、化学农药残留过多等问题，并通过自然界的生态循环，把这些人类通过化学工艺方法从自然界提取出来的物质，不均衡地循环到土壤、地表水、地下水、大气等，影响生态环境平衡。而生态环境失去平衡后，农业生产也会受到严重的影响，形成恶性循环。根据《中华人民共和国环境保护法》《中华人民共和国土壤污染防治法》《中华人民共和国种子法》《中华人民共和国土地管理法》《中华人民共和国野生植物保护条例》《农业转基因生物安全管理条例》《海南省环境保护条例》《农业转基因生物进口安全管理办法》等规定，本项目实施可能存在的生态环境风险有以下几个方面。

（一）外来生物入侵风险

近年来，随着生物入侵的加剧，全球对生物入侵的研究力度不断加大。据不完全统计，海南省有记载的外来有害生物达 200 多种，许多入侵种类已成为海南省乃至全国的生物灾害。海南省目前有 80 多种对农作物有较大危害的外来生物，并已重点开展对椰心叶甲、美洲斑潜蝇两种主要外来入侵害虫和香蕉枯萎病等重要病害的研究防治工作。目前，海南省外来有害生物入侵的频率越来越高，危害性越来越大。自 1993 年在三亚发现美洲斑潜蝇入侵海南省并蔓延以来，先后有椰心叶甲、水椰八角铁甲、蔗扁蛾、香蕉枯萎病等重要病虫害在海南被发现并造成危害。2003 年发现的椰心叶甲，现已蔓延至全省几乎所有市县，危害面积达 585. 5 万亩，受害棕榈科植物达 182. 5 万株，对海南省棕榈产业、旅游业构成极大威胁。本项目实施过程中，在新品种引进过程的风险较小，但如有种苗引进风险则会增加。

风险防控建议：本项目实施过程中，应严格按照《中华人民共和国种子法》的相关规定进行引种，防范入侵风险的主要措施有：一是有效预防，一旦发现农业重大有害生物疫情发生和外来有害生物入侵，及时上报农业部和省人民政府，并采取有效的预防与控制措施，控制疫情恶化、传播和入侵生物蔓延，保障海南省的经济安全、生态安全和人民群众的身体健康。二是迅速控制，因地制宜地利用生物、物理、化学和机械等治理技术，将农业重大有害生物及外来生物入侵所造成的影响减少到最低限度，控制农业重大有害生物及外来入侵生物的扩散蔓延，并对疫区采取可持续的长期控制措施。三是生态修复，针对农业重大有害生物及外来生物入侵造成的生态退化地区，实行有效的生态恢复措施，促进农业生态系统的尽快恢复和重建。

（二）自然生态系统破坏风险

自然生态系统被破坏的原因，也是基于外来农作物新品种的引进。由于其打破海南原生的自然生态系统环境，从而导致海南本土的生态链破坏，引起自然生态系统的不稳定。所以，本项目的实施过程中，可能存在自然生态系统破坏的风险。具体来说，导致原生生态系统发生改变的情况有以下几种：第一，农作物基因改良。农作物基因改良已经成为提高农作物抗虫、抗旱、抗冻等优化农作物环境适应性，提高产量的重要方式。若某种农作物基因改良后产生抗虫性，而该虫唯一依赖这种农作物才能生存，在产生抗虫性后，该虫无法存活，可能在当地生态系统中消失，那以此虫为食物的其他生物也会受到影响，自然生态系统的稳定性会被破坏。第二，生态防治虫害。相比使用农药，采用生物天敌相克，用一种物种来限制另一种物种的原理，防治农作物虫害，是更绿色生态的虫害防治办法，但是使用这种方法，必然会在单位面积的农作物上富集某种物种，才能防治某种虫害。若不对投放物种的生物链进行全面研究，在短期内防治虫害后，可能会引来更多上游生物链的物种繁殖，带来不可控的风险。第三，农作物种子自然传播。对引进的物种管理不当，一些农作物的种子可能会通过水流、风、昆虫携带等不可控的自然方式传播，引起生态系统的变化，造成不可控的风险。

风险防控建议：建议本项目实施过程中，在优化农业生产的过程中，系统地对农作物基因改良、生态防治虫害、农作物种子传播的方法进行研究和论证，加强利用自然规律优化农业生产的方法管理，以降低自然生态系统破坏的风险。

（三）农业生产对水体的污染风险

以色列的农业生产技术包括了水肥一体化等技术，这些技术都离不开对水资源的加工利用。以水肥一体化技术为例，将农作物所需的营养物质以液体的方式加工提炼出来，结合了农作物生长所需的水、肥料、营养物质等，是一种高效的农业生产方式。但是这种方式容易使土壤中的营养富集并渗入到地表水和地下水中，造成水体的污染，尤其是遇到强降雨天气，将土壤中富集的这些元素稀释并通过水流转移到其他地方。另外，农业生产过程中的施肥，主要指固态肥料的使用，这种情况也会将固态肥料中的某些物质渗入到地表水和地下水中，导致水体的污染。农作物根部病变时使用根部滴灌的农药，同样会造成水体的污染。

风险防控建议：在本项目实施过程中，在农作物种植的农田附近设置水体检测的站点，或者在农田附近安放水体监测仪器和设备，对农业生产区域的水体进行动态监测，运用数据掌握水体的质量变化情况，若水体质量的变化超过水体环境保护的标准，应当及时通知相关部门，采取一定的措施，尽可能地控制水体污染的风险。另外，还可以通过合同或者审批的方式设定相应的水质保护条款，农业生产方在经营活动中若违背事先约定的水质保护条款，可以向其追究违约责任，或者要求其承担行政责任。

（四）农业生产对土壤的污染风险

农业生产过程中对土壤的污染，第一，在使用农业生产技术时，对农作物所需营养物质投放不合理，导致土壤的肥力下降和土壤酸化，土地越种越贫瘠，产量下降，最后导致整块农田不能种植。第二，农业生产中过量农药和激素进入土壤，会降低土壤生物的活性，导致土壤生态系统失调，土壤养分转化慢，病原菌积累，影响作物对肥料的吸收利用和作物的产量。第三，在一些近海的农田种植农作物，可能因为海水上涨或者海水倒灌等问题，使得土壤盐化，丧失种植农作物的能力。第四，农村养殖污染的不合理排放，使得农村生活污水被土壤吸收，影响土地的种植能力。第五，土地的垃圾污染，在农业生产过程中使用聚乙烯、聚氯乙烯等不可降解的塑料制品，或者向土地里倾倒生活生产垃圾，意图用土壤降解的功能消化这些垃圾，结果污染土壤，使得土壤丧失肥力，影响到正常的农业生产。

风险防控建议：在本项目实施过程中，定期对土壤的情况进行检测，掌握土壤肥力变化的过程，加强对基本农田种植能力的保护，合理安排农作物种植的时间，采用轮耕的模式，实现土地肥力的可持续发展，降低农业生产对土壤污染的风险。

（五）农业生产对大气的污染风险

在本项目实施过程中，农业生产对大气的污染，可能来源于农业规模化生产后大面积的农药喷洒。农药扩散到空气中，对大气造成污染。另外，农业生产过程中的肥料转化，尤其是在过量投入化肥的情况下，会产生大量的氨和氮氧化物并释放气体到空气中，一方面会对空气造成污染，另一方面会增加大气中温室气体的含量，加剧温室效应。

风险防控建议：考虑到海南的空气质量和植被覆盖率，农业生产过程对大气的污染风险相对较小，如需要大面积农药喷洒，则需要控制次数，切忌频繁。

六、其他风险分析

（一）农作物品种选择培育风险

根据对以色列和印度情况的调研，对农作物品种的培育是农业生产项目中最核心的竞争力。以色列和印度对农作物品种的培育，都具有一定的周期，并且不断淘汰旧品种，研发和推广新品种，以保证农产品在市场的竞争力。本项目选择火龙果、甜瓜、芒果、豇豆作为培育品种，存在这四个品种选择培育的风险。若本项目的农作物品种在项目运营过程中，新品种的研发不及时，品种更新周期把控不好，将为项目的运营带来障碍。

风险防控建议：在品种培育方面，选择国内稀有的品种进行培育。考虑到农产品在市场的占有率和预期的售价，可选择售价高的品种进行培育和种植，以确保高收益。另外，把控好农产品更新换代的周期，确保能够按时推陈出新，保持本项目在品种更新方面的竞争优势。

（二）农产品销售风险

农产品销售是本项目成功与否的重要环节。本项目的目标就是提升农产品的品质与售价，使参与本项目的农户在农业生产方面获得帮助和提高收益。本项目中三级公司为销售公司，但其并不保证收购所有农产品。因此，农产品销售风险仍然较大。

风险防控建议：首先，绿创院和农户应积极参与农产品展销会，特别应借助每年在海南举办的农产品交易会，大力推介和宣传由绿创院育种、贴牌、包装的农产品，打造农产品品牌效应。其次，引进阿里巴巴等大型销售公司，鼓励与农户签订销售协议，帮助农户拓宽农产品的销售渠道。最后，海南省政府应搭建信息平台，解决农业生产与农产品需求信息不对称的问题，降低农产品销售的风险。

（三）WTO 农业补贴风险

在本项目的实施过程中，海南省政府会提供各类补贴，这有可能会违反 WTO 有关农业补贴的规定。在 WTO 规则下，中国政府承诺在农业国内支持方面遵守《农业协定》对所有成员的一般规定。包括 1993 年乌拉圭回合谈判达成的《农业协定》及其削减承诺涵盖的 13 个方面，共 21 个条款及 5 个附件。就《农业协定》第四章规定的减让计划而言，中国承诺对于特定农产品的年度支持水平不超过该产品年度产值的 8.5%；对非特定农产品的国内支持总量不超过全国年度农业总产值的 8.5%。就农产品出口补贴而言，中国承诺不会向任何农产品提供出口补贴计划支持。根据 2017 年财政部会同农业部制定的《农业生产发展资金管理办法》，我国 2018 年农业补贴政策包括下述 12 大类：耕地地力保护补贴；农民专业合作社补贴；新型职业农民培育补贴；适度规模经营补贴；农机购置补贴；优势特色主导产业发展补贴；绿色高效技术推广服务补贴；畜牧水产发展补贴；农村一、二、三产业融合发展补贴；农业结构调整补贴（包括粮改豆、粮改饲、耕地休耕等）；地下水超采区综合治理补贴；党中央、国务院确定的支持农业生产发展的其他重点工作。

风险防控建议：考虑到上述法律规则，在项目实施中，若对某特定农产品设定补贴措施时，应合法使用补贴措施。在设定补贴措施时，从以下几个方面考虑：第一，对补贴资格和数量设定客观的标准，对补贴接受者具有非歧视性或普遍受众性。第二，在设定补贴措施时使用概括性表述，使可能接受补贴的范围扩大，从而可使某特定农产品落入补贴资格和数量范围内，而并不针对某一农产品设定特定的补贴，据此避免对于专项性的调查。第三，制定在机会成本上平等对待所有农产品部分的补贴措施，使得该措施自动地适用于某特定农产品，才可借用《农业协定》中对特定农产品进行合法不可诉的补贴，以此降低 WTO 农业补贴的风险。

第十一章

项目综合评估及推广

热带农业产业化、组织化项目的实施将促进热带农业转型升级，实现农业产业品牌化发展，驱动农民收入不断提高，满足人民群众对优质、安全的农产品需求，也将形成可供全国借鉴的海南经验，对我国农业机制体制改革起到良好的示范效应。

一、项目运营综合评估

第一，摸索出一条热带农业转型升级的创新模式。通过实施农业产业化、组织化项目，以绿创院技术创新为核心，创新现有农业生产模式，优化农业产业布局，使农业生产的产量、质量有明显提高。

第二，农业产业实现品牌化发展，经济效益显著。本项目通过育种、技术研发等措施，通过专利授权的方式实现产业规模、产业布局的优化。在该模式中，绿创院将制定严密的产品认证标准体系，推动农业产业实现品牌化发展，通过供应高品质的产品，提高农业产业的经济效益。

第三，驱动农民收入不断提高。实施本项目以后，农民加入一级种植公司，逐渐转变成为产业工人。由于一级种植公司得到绿创院提供的新优良品种和先进生产技术，一级公司具有更强的抗风险能力和盈利能力，农民转变成为产业工人以后，收入更加稳定，收入能够得到大幅提高。

第四，不断满足人民群众对优质、安全的农产品需求。本项目是一个农业生产模式的创新，该模式打造了品种研发、生产种植、分拣包装的完整生产链条。因此，本项目不仅在生产环节上控制化肥、肥料的使用，而且在分拣包装环节也有进行抽检，使农产品的食品安全更有保障。

第五，可持续降低农业生产对环境的破坏，农业生态效益得到明显改善。相比于粗放型的农业生产模式，本项目采取精确生产方式，在化肥、农药的使用上将更加高效可靠，从而降低农业生产过程中对自然环境的破坏，大幅提高农业生态效益。

二、项目推广应用前景

随着项目的落地实施，以研发公司为核心驱动力的农业发展模式逐步完善，在全国范围内，海南省将率先建成集科研、推广、教育及对外科技交流等于一体的综合农业科技管理体制。不仅为海南省做优做强热带特色高效农业提供坚实的制度保障，也将对我国农业机制体制改革起到良好的示范效应，极具推广与应用价值。

（一）推动优质种质资源的研发与应用

目前，在深入分析海南省现有的种植条件、市场需求、规模化经营等因素基础上，初期项目试点只选择火龙果、豇豆、甜瓜、芒果四种海南具有优势的品种资源。随着自由贸易试验区和中国特色自贸港的建设，海南对于优质农产品的需求将趋向多元化、品质化。研发公司通过内部种质资源研发和外来品种引进本地改造，将为海南提供更多符合市场需求的优质种质资源。

（二）优化农业结构与农业产业链条

研发公司通过调整种质资源来调控全省农业种植区域、种质规模，进而间接控制市场总产出，使得海南省农业生产逐步实现有序化经营。此外，研发公司通过战略合作方式，引进并对接二级公司（包括农业种植、农业设备公司、水肥一体化公司、农药公司、销售公司等），逐步完善农业全产业链条，同时，研发公司提供一对一或一对多的农业种植培训与技术推广。在该模式中，海南省各级政府给予农户种子补贴、肥料补贴、设施设备补贴以及农产品保险补贴（比照为农产品销售兜底而言，政府的财政风险已经大大降低）；同时，政府将对绿创院向农户销售种子、水肥、设备等方面的市场定价行为进行指导和限制，以切实保障农户权益。

（三）提升“海南农业品牌”的知名度与竞争力

研发公司通过农产品品质检测服务，保障海南农产品的品质；对所运营的农产品质量提供品牌背书，打造海南农产品品牌，逐步实现海南省农产品品牌化、农业种植技术的品牌化、检测技术的品牌化等，提升海南农业发展的竞争力。

（四）助力我国农业机制体制的改革与进步

海南省以研发公司为核心驱动力的农业发展模式，将成为我国探索农村农业体制改革的全新示范，在尊重市场发展规律的基础上，整合社会各方资源参与农村农业的发展建设，盘活社会资本，减少政府的财政支出，从而提高农业综合生产能力，增加农民收入。同时，从生态建设的角度来看，以研发公司为核心驱动力的农业发展模式采用以色列水肥一体化技术，将灌溉与施肥融为一体，使用过滤、光合细菌等方法处理净化，用于非食用作物灌溉，对于我国防止土壤侵蚀、盐碱化具有重要作用。

三、项目持续提升路径

本项目将由海南省政府通过农业补贴形成提供部分启动经费，通过社会融资方式获取运行经费，并使核心公司获得农业技术的核心竞争力。在经过5~10年的融合发展之后实现以下目标：

（一）建立科技驱动的农业持续增产模式

农业科技、人才培养与产业高度融合，农业品种资源以及选育种技术达到国内领先水平，大幅度提高海南农业资源的利用效率，尤其是土地资源的利用效率，降低农业环境面源污染的风险，为自贸区、自贸港的建设提供粮食安全保证和良好的生态环境。

（二）创新全产业链的组织模式及传导机制

以农业综合研发中心为核心平台，通过技术研发、新品种引进与筛选、实用技术规范制定与应用等，取得经验，为二级公司及农业合作社、家庭农场、种养大户等新型经营主体提供示范与服务，带动成千上万的农户应用，形成紧密的利益共同体式农业推广机制。

（三）建立农业大数据信息共享平台

鼓励相关企业重点突破农业传感器、北斗卫星农业应用、农业精准作业、农业智能机器人、全自动智能化植物工厂等前沿和重大关键技术。完善农业种植规模、种植标准技术生产体系数据库和智能化管理，建立产供销物流系统数据和智能化管理、建立农产品监督与检测体系数据库和智能化管理，完善农业大数据共享平台，实现海南农业生产的智能化管理，攻克核心技术，抢占农业产业制高点，为中国农业产业结构调整和转型升级提供典型案例。

参 考 文 献

［1］陈宁远，苏鲲鹏，郑姗，邱艳捷，王鹤．印度农业科技政策及其启示［J］．合作经济与科技，2015（24）：22-24.

［2］杨德勇，李宗明．印度模式对我国构建农村金融体系的借鉴与启示［J］．国际金融，2015（11）：53-60.

［3］宗会来．以色列发展现代农业的经验［J］．世界农业，2016（11）：136-143.

［4］陈三林．荷兰农业产业化的发展回顾与未来展望［J］．世界农业，2017（7）：151-155.

［5］王若男．3R 原则与共生理论视角下台湾生态农业发展分析及其启示［J］．台湾农业探索，2018（1）：1-6.

［6］叶素丰．台湾休闲农业的特点［J］．湖南农业，2016（6）：6.

［7］张晓东，何攀．要素流动对城乡融合发展的影响机理——分地区比较研究［J］．产业经济评论（山东大学），2018，17（4）：133-166.

［8］李世杰，原博，高健，金卫健．创新研发驱动的新型农业经营体系构建——基于农业经营主体利益共生的视角［J］．海南大学学报（人文社会科学版），2022，40（1）：75-84.

［9］王志刚，于滨铜．农业产业化联合体概念内涵、组织边界与增效机制：安徽案例举证［J］．中国农村经济，2019（2）：60-80.

［10］别之龙，戴照义，杨小锋．湖北省和海南省设施西瓜甜瓜主

产区调研报告［J］. 中国瓜菜，2019，32（1）：37-41.

［11］李仲平 . 中国农产品价格补贴的法律风险与应对——“美国利益优先”背景下的考察［J］. 法商研究，2018，35（5）：170-179.

［12］彭光细 . 用“互联网+”理念改造传统农业提升我国农业现代化水平［J］. 时代农机，2017，44（2）：151-152.